う・ら・ぎ・り

石津謙吉

東京図書出版

プロローグ

激しい雨の音で目を覚ました。夜中の2時頃のことである。風も強い。雨は窓を叩き、ガラスにいくつもの小さな滝を作っていた。風に吹きつけられた雨は窓にへばりつきながら流れていた。まっすぐに落ちないで、せわしなく斜めにいくつもの筋を作って流れていく。上に登る糸のような滝もある。おもしろいが旅行者にとっては不安の材料でしかない。これでは、明日のガリラヤ湖の船旅はキャンセルだろう。船旅といっても、ガリラヤ湖を横切るだけの小さな旅である。残念だが、どうするかが思い浮かばない。あきらめてまたベッドにもぐりこんでしまった。

朝になってカーテンを開けると、小さな奇跡が起きていた。穏やかな晴天を迎えているのである。食事のテーブルを囲んでいる旅行者たちは、皆嬉しそうだった。朝食にいつものミルクが出ていない。聞くところによると、朝食に牛肉が使われている料理があるので、ミルクは出ないとのこと。生活のすべてに宗教が生きている国なのだ。

わたしは船の時間待ちをしながら、水辺の石に腰を下ろしていた。目の前のガリラヤ湖を漠然と見ていると、雰囲気は違うものの、琵琶湖を見ているのとあまり変わらない。しかし、ここはイスラエルなのだ。昨夜の暴風雨はまるでウソのように晴れ渡っている。ガリラヤ湖は地勢の関係上、風雨が突然襲ってくるらしい。弟子たちが船の中で大騒ぎしたのも、このガリラヤ湖の特性であった。

異国の雰囲気を楽しむことはあっても、お土産店や、街などにはかなり鈍感である。一緒の女性たちが、先々でサフランを買い求めていた。サフランを買わなかったのはわたしくらい。買ったのは、子羊を背負った羊飼いの木彫り、という経済観念のないおバカさんなのである。

イスラエルでは時空を超えて、イエスの足跡をたどることができたら、と期待していたが、観光が先行するとそうはいかない。遺跡を見ていると、ますます歴史的時間の流れが立ちはだかってくる。わたしたちとイエスの間にある時間という大きな壁はどうしようもないのだ。

それなら、ヴィア・ドロローサを体験したら、と言われるかもしれないが、店の前で、旅行者には何の興味も示さないアラブ人たちが、あちこちにたむろしている路地という印象で、各ステーションの説明を受けても、遠い昔話に聞こえてくる。「イエス様の十字架のお苦しみを……」という、センチメンタリズムにでも陥らない限り、キリストは私たちに迫ってこない。すべてが過去の歴史と化しているのである。

ただ一つ、素晴らしい体験があった。ガリラヤ湖を目前に、腰を下ろしていたわたしのほおを、そよ風がそっと撫ぜたのである。目で後を追ってみても、見えないそよ風はどこかに消えてしまった。当たり前である。風は消えても、わたしのほおには忘れがたい、たしかな感覚を残して去ったのである。

このような肌で感じられる優しい風を、イエスも体験していたに違いない、という思いにふけったひと時が、最もイエスを身近にしてくれた時間であった。それが最高にうれしく、忘れがたい旅の思い出になっている。

パウロはエフェソの信徒に、「信仰によってあなたがたの心の内にキリストを住まわせ、あなたがたを愛に根ざし、愛にしっかりと立つ者としてくださるように、……」という祈りを捧げている。この信仰だけが、時空を超えてイエスを身近にしてくれる、感覚を超えた手がかりなのである。

２０００年の歴史は重い。ガリラヤで空を見上げても、イエスが見えるはずがない。イエス・キリストとの出会いは場所ではないのだ。超越でもない。内在的・霊的に捉えなければならない。それが現実となって表れるとすれば、イエスとの愛の交流だけなのであろう。パウロは祈りの中でそう語っている。

そよ風は象徴化されて、わたしの心にイエスを運んでくれた。そして、このイエスが語った言葉があるとすれば、前記のパウロの祈りだったのである。イエスがそばに来られるときは、いつも、静かに、深く、という副詞句が伴っているので、心は澄み切っている。イエスの愛が心に溢れたとき、深い感動だけが残される。愛されているという思いは、生きているという実感に通じている。「生」の意味はそこから生まれてくるのかもしれない。出来事は時間とともに過去の世界へと飛び去って歴史化してしまう。時空を超えて過去の出来事の意味を現実化するのは、想像ではなく、生きて働く信仰なのであろう。

旅は思い出という美化された世界に去っていくが、時代を超えて現実の世界に生きている者にとって、福音書のイエスはわれわれが心に描いているイエスと同じなのだろうか、という問いが残されている。時間と場所のフィルター、そして教会という存在は、イエスを霧で覆ってしまう。テキストを追求する神学も同じである。

本書では、人間ユダをできるだけリアルにすることに努めた。描写という意図のもとに自由に書いたが、ユダに関連した聖書の箇所の説明はおろそかにしていないつもりである。ユダという問題の人物はイエスとどう関わっていたのだろうか、という視点からユダの姿をできるだけ探ってみた。イエスとユダの関係を考えると非常に興味深い。このことは今日の教会の問題を浮き彫りにしてくれるからである。

悪名高きユダを好きな人はいない。どのような人物なのか、語句の研究からではほとんど何も出てこない。このことから、本書では敢えて福音書の読み込みをしている。この操作は聖書神学の介入を少々無視しないとできないことである。したがって、本書は学術書ではない。聖書の引用箇所も「章」までにとどめ「節」は省略した。聖書以外の文献も参考にしている。

イエスという個人名と、キリストという称号の用法を区別しないで自由に書いたこと、聖書は日本聖書協会の新共同訳、フランシスコ会訳の旧新約聖書を使用したこと、ギリシャ語は少し古いが、手元にあるネストレ、アーラントのラテン語と対称になっている新約聖書を用いたことを、お断りしておく。

う・ら・ぎ・り◇目次

Ⅰ　使徒ヨハネ

父はわが子の出産を非常に喜び、念願の子に、「神からの賜物」を意味するゼベダイという名前を付けて祝福した。代々漁師の家系で、ゼベダイも親の跡を継いで漁師となった。どの漁師も、アドリア海で通用するような大きな船は持っていない。漁場はガリラヤ湖なのである。マタイ8章、マルコ4章、ルカ8章などにイエスが嵐を静めた出来事が書かれてある。乗っていた舟が水浸しになり、おぼれて死ぬと大騒ぎになったのである。このことからも、舟の大きさが推察できるであろう。

ゼベダイの家はかなり裕福だったらしい。数艘の舟を所有し、雇い人を使って漁に励んでいたからである。イエスは、ガリラヤ湖で何度か舟を利用しているが、舟はゼベダイのものか、ペトロの持ち舟であったと思われる。

ゼベダイの配偶者サロメ（平安の意）は、マルコの記録（15章、16章）によれば、イエスの十字架の傍らで悲嘆に暮れて佇んでいた女性、香料を持ってイエスの墓に行った女性でもある。彼女はイエスを慕い、イエスを支援していたグループの一人でもあった。マタイは27章にゼベダイの子たちの母と記し、ルカによると、マグダラのマリア、ヘロデの家令クーザの妻ヨハンナ、さらにスザンナなどの女性たちが自分たちの持ち物を出し合って、イエスのグループを支えていた（ルカ8章）のである。この中にサロメも加わっていたと思われる。ヨハネがイエスの母マリアの姉妹と19章に書いている女性は、サロメであったらしい。このような記録から、ヤコブ、ヨハネの兄弟は、イエスのいとこであったと伝統的に解されている。

ガリラヤ湖は周囲53㎞の淡水湖で、面積は約170㎢。琵琶湖ほどではないにしても、ガリラヤ湖の大きさから漁師たちが「海」と呼んでいたことも頷ける。竪琴の形似から別名キネレト（キノルは竪琴の意味）あるいは、ルカが5章に書いているように、西部のゲネサレなどと呼ばれていた平原の名からゲネサレ湖とも呼ばれることもあった。高地と山に取り囲まれた谷底のような地形を有しているので、突然吹き下ろす突風に見舞われることがある。激しい風雨が一晩中吹き荒れ、窓辺を打つ騒音で眠れない夜を過ごしていても、翌日は穏やかな晴天になってしまったという体験は、天候が急変するガリラヤ湖を偲ぶよい経験であった。

変化に富むガリラヤ湖の気象の一端に触れた経験もさることながら、ガリラヤ湖で有名な魚には辟易した。湖畔のレストランで出す「ペトロの魚」は、フライにすると何とか食べられるかもしれないが、運ばれてきたのは焼き魚であった。ウエイターが推すほどおいしくない。ぱさぱさなのだ。ガリラヤ湖の魚は10種類程度であるが、日本は魚の種類が豊富なので、食べ残す人も多い。どうやら、魚の味にうるさい日本人の口に合わなかったようである。なお、ガリラヤ湖は淡水である。国によっては、湖水や川の魚と海の魚とを日本人ほど峻別しない。個人の好みの問題にしてしまうのである。

ガリラヤ湖の北西の町、ベトサイダでヨハネは生を受けた。最近の調査では、おそらくヨルダンの東岸でガリラヤ湖の北ガウラニティス地方に、小高い丘の上にエッ・テルという遺跡がある。ヨルダン川がガリラヤ湖に注いでいる場所の近くで、ガリラヤ湖から1～2㎞離れている。そこがベトサイダとされている（現在は遺跡のみ）。ベトサイダはガリラヤの町とも言われていた。ペトロ、アンデレ、フィリッポたちの故郷でもある。

マタイ11章によれば、イエスからその不信仰がとがめられた町であった。イエスは、奇跡を見ても話を聞いても、全く悔い改めない人々を指して、「ベトサイダは不幸だ」と言われた。「天に挙げられるどころか、陰府に落とされる」と厳しい言葉で彼らの不信仰を責められたのである。このように、イエスは具体的な罪よりも心の頑なさをいつも問題にしていた。罪に関しては、「許されている」とか、「神のみわざが為されるため」と語ることが多い。罪は赦される可能性を含んでいる。しかし、不信仰は滅びに通じてしまう可能性があるのである。したがって、イエスは人々の心の頑なさをいつも責めていた。心が頑なであるということは、見ても聞いても反応がなく、殻に閉じこもっている状態である。イエスの奇跡は、力の誇示でも、人を喜ばせる奇跡でもなく、神から遣わされた者の「しるし」を示しているのであるが、人々はそれを認めないで拒否している一面があった。理由はいろいろあるだろう。ユダヤ教に生きているのだから神なら知っている、宗教ならわれわれも持っている、イエスはわれわれの考えているメシアと違うなど。人の心には素直になれない要素がいつも付きまとっていることが多い。素直に信じる者は、無知な愚か者に見えるらしい。

頑なな心は、何を目撃しても、何を聞いても、自分は大丈夫、関係ないと考え、都合のいい方に自分を持っていく。心の中で選択されているのはいつも自分なのだ。自分は神に従っている、天に迎え入れられるにふさわしい者であるとの自負心があると、イエスの奇跡や教えを目撃して、驚くことはあっても自分たちと関係のない別の世界としてしまう。特に、自分たちの宗教のドグマ（教義）にそぐわなければ拒否する。異端扱いすれば楽になるし、自分のアイデンティティもすっきりする。宗教は人をかたくなにする一面がある。自分の生きている世界がすべてで、関係のない世界、特に、宗教のように存在に干渉してくる思想にはかたくなになりやすい。イエスが嫌った態度である。

かたくなでない柔らかな心とは、幼な子の心である。イエスの意図を詮索すると、天国か地獄かの問題は二次的になる。明白に差し迫っているのは、神の愛に応答するか否か、幼な子のような素直な信仰と受容性で応じるかどうかなのである。愛の応答こそアガペー（神の愛）に対する唯一、人として為すべき行為なのである（マタイ22章）。究極的な信仰の深みは、幼な子のような素直な心、愛に感じ易いすなおな心から出てくるのである。イエスの言うかたくなさとは、人間のすなおでない心を取り上げて責めているようであるが、イエスの愛、教え、わざなどとの関係概念としてのかたくなさを語られたのである。

「漁獲の場所」という意味のベトサイダは、その名の通り、漁業の盛んな町であった。ゼベダイはカペナウムにもエルサレムにも家を所有していた。裕福であっただけでなく、社会的にも中流以上の家柄であったらしい。イエスが捕らえられて州議会に連れていかれ、カイアファの前に立たされた時、ペトロは中庭で下女に見つかり、イエスと一緒にいたことを問われた。しかし、ヨハネは問いただされることなく中に入って行くことができたのである。このことから、大祭司の家族か、または、中流以上の人々と面識があったらしい。

ヨハネは、イエスから「ボアネルゲ（雷の子）」と言われた。粗野な田舎者の特徴である。しかし、ただの乱暴者ではなく、ヤコブとヨハネ兄弟は血気盛んで正義感に溢れていた若者であったことも事実である。ヨハネは理想を追って、バプテスマのヨハネの弟子となっていた。しかし、ゼロテと呼ばれていた熱心党のような革命的激しさは持っていなかった。この党の一味は66～67年の冬にエルサレムで反乱を起こしたことでも知られている。

ヨハネも社会改革を目指していたようであるが。ゼロテ党と異なり、政治的社会改革というよりも、倫理的・宗教的性格を帯びた社会改善という思想を抱いた若者であったようである。それはメシア待望に結合していた。バプテスマのヨハネがイエスとたまたま出会った時、彼はイエスを指して、「見よ、神の子羊」という表現で、イエスを自分の弟子たちに紹介した。イエスのゆったりとした歩みから印象付けられる穏やかさ、そしてそこから受ける謙虚な風貌が、従順な子羊を連想していたのであろう。さらに、イエスの存在には、人の心をひきつけるような、この世ならざる聖なる何かを感じざるを得ない雰囲気が漂っていたことも想定できる。

傍で聴いていたヨハネは、魅力的なイエスをもっと知りたいとの強い願望から、バプテスマのヨハネを離れてイエスについて行った。若者ヨハネにとって子羊のような柔和なイエスは魅力的であったに違いない。イエスの後を慕い、イエスと共に一夜を過ごした。おそらく、メシアのこと、民族や自分たちの将来など、理想に燃える若者らしい話し合いをしたと思われるが、イエスのご人格にふれた一夜であったろう。このイエスとの出会いは、彼の生涯の決定的出来事となった。ヨハネと共にイエスの後を追ったのはペトロの兄弟アンデレであった。イエスを囲んで過ごした一夜は、待望のメシアに会ったと言わせるほどの深い感動を彼らは受けたのである。アンデレが兄ペトロに「メシアに会った」と証言し、ペトロをイエスのもとに連れて行った。このことは、イエスから受けた感化がいかに大きかったかを物語っている。メシア待望はあっても、まだ、メシアは世に出ていなかったからである。

ヤコブとヨハネ兄弟は、イエスと出会ってからも、しばらく漁師として父と共に働いていた。ゼベダイから強制されて仕事に励んでいたのではなく、家業の手伝いは当然のこととしてなんの違和感もなく励んでいた。ゼベダイの家族は睦まじく理想的だったと思われる。

イエスが彼らに声を掛けられた時も、二人の息子が破れた漁網を繕って、家業に励んでいた時であった。バプテスマのヨハネの弟子になったのも、イエスを慕ってイエスの後を追ったのも、未来に希望を抱いて、新しい時代の幕開けを期待していたからであり、そのためのメシア待望でもあった。

イエスに声を掛けられると、直ちに網も船も捨てて従って行ったのは、イエスとの一夜の出来事がいかに大きかったかを如実に示している。

バプテスマのヨハネは、ユダヤ教の清めの祭儀である沐浴をさらに一歩進めて、ヨルダン川で罪からの解放としてのバプテスマを施していた。このヨハネは一般的な罪の許しの洗礼を授けていただけではなかった。彼は、宗教家や宗教的生活の中に、形式と、偽善と、打算さえも見え隠れしていることを鋭く暴露し、「蝮の子ら」などと、激しい言葉で人々に悔い改めを迫っていた。倫理的罪の譴責とともに、理想的な時代を創り出そうという意欲にも満ち溢れていた。言行不一致の宗教家ではなく、彼自身、ラクダの毛皮を纏い、いなごと野蜜を食していたという野性味溢れる生活をしていたので、彼を預言者と見做して信頼する者が少なくなかったのである。

このような人物の出現は支配者の心理的脅威になる。当然のことながらヘロデ・アンティパスにとって、バプテスマのヨハネは不快な存在であった。

アンティパスは都市建築に才能があり、37年まで在位したローマ皇帝ティベリウスの名にちなんだティベリアス（ティベリア）は彼が建設した町として有名であり、ガリラヤ地方の首都で現在も観光地として人気がある。

なお、ヘロデは王といわれているが、正式には、分封領主（ルカ13、23章）である。イエスの最後の審判に関係したヘロデも同一人物。ヨルダン川でガリラヤと反対側のペレア地方の領主であった（フラウィウス・ヨセフス『ユダヤ古代誌』ちくま学芸文庫を参照）。

彼の異母兄弟ヘロデ・フィリッポスは妻ヘロデヤと31年ごろ離婚した。二人の間に、ゼベダイの妻であり、ヨハネの母であるサロメと同名の娘、サロメがいた。ヘロデ・アンティパスはこのヘロデヤと再婚したのである。二人の結婚は、当然のことながら、厳しい倫理観を持ったバプテスマのヨハネに責められることになった。ヨハネは、「兄弟の妻を自分の妻としているのは許されない」と批判したのである。離婚が正式でなかったのかもしれない。あるいは、離婚以前から何か関係があったのではないかとも思われる。恨んだのは、ヘロデよりヘロデヤであった。ヘロデは逆にヨハネを尊敬していた。というのは、結婚問題に関しては、一説によると、多くの女性と関係し多数の隠し子もあった。したがって、反論するどころか、罪の痛みを感じながらヨハネの言葉に耳を傾けざるを得なかったのである。ヨハネの罪を責める厳しい言葉を聞くことが、かえって、ヘロデの良心の呵責の慰めになっていたという逆説も考えられる。

ヘロデの立場は不安定で、常にユダヤ人を恐れ、ユダヤ社会が平穏であることを願っていた。ユダヤで反乱でも起きようものなら、自分の立場が危なくなる。彼はローマから任命と承認されているだけの王なのであって、戦争で征服し、君臨した王ではなかった。絶対的権力者でなかった彼は、バプテスマのヨハネの処刑には躊躇せざるを得なかった。税金問題、力による支配などで、ユダヤ人の不満は根強かった。したがって、反乱はすぐに政治問題化する。ヘロデのもっとも恐れていた局面である。

民衆の多くがバプテスマのヨハネを預言者と認めていたので、安易にヘロデヤの意向に従ってヨハネを処刑するようなことになれば、国情が不安定になる。ユダヤは宗教国家なので、預言者と認められている人を殺せば大騒動が起こるのは火を見るよりも明らかなのであった。ユダヤ教という宗教でまとまっている国家では、政治と宗教の分離はない。宗教の世界に手を下せば、問題は深くなり、すぐにヘロデの恐れていた政治問題となる。政治問題に発展してしまえば、自分の立場の終焉を迎える局面になる。国情の不安定という恐れは、いつも彼の心から離れることはなかった。

ローマの手先と評され、評判の悪かったヘロデは、国内に波風の立つことだけは絶対に避けなければならない。でないと、自分の地位も命も危険にさらされてしまうので、何とか平穏無事に治めたかったのである。心に疚しさを感じている者ほど、逆に道徳的言葉に耳を傾ける傾向がある。ヘロデも同じで、バプテスマのヨハネの言葉を、不安と拒否を感じながらも傾聴していたのである。

恨みを抱いていたヘロデヤに絶好のチャンスが訪れてきた。ヘロデヤは自分の誕生日に、ガリラヤなど、地方の有力者たちを招いて盛大な宴会を開いたのである。席上、ヘロデヤとヘロデ・フィリッポスの間に生まれた娘、サロメの踊りが拍手喝采を浴び、上機嫌になったヘロデ王は、「欲しいものは何でもあげよう」と約束してしまった。「国の半分でもいいよ」とまで言い切ったのである。いつの時代でも権力者は女性に弱い。多分、孤独感から来ているのであろう。

サロメは母ヘロデヤに、「何を願いましょうか」と尋ねた。興味深いことに、心に一物ある人ほどチャンスを逃がさない。答えは、「バプテスマのヨハネの首を」だった。彼女にとって、自分の人生に、道徳的に介入してきたバプテスマのヨハネほど邪魔な存在はない。マルコの福音書にも、事件の背後にヘロデヤの恨みが働いていたことが述べられている。

衛兵によりヨハネは獄中で斬首され、その首はトレイに載せられて宴会の席に運ばれた。どよめきの中で、人々はいろいろな思惑を心に浮かべていたに違いない。だれも口に出せなかったが、権力に対する怒りや恐れの感情、ヨハネに対する同情、ヘロデの常識を超えた行為への批判、この席にいない多くの民衆が果たして容認するだろうかという不安、等々。しかし、無情にも列席した人々の心中にある感情の渦と無関係に、事は進んでしまった。権力に個人が歯向かうことは、ほぼ不可能である。

イエスの弟子ヨハネを人は「無学のただ人」と言う。当時の社会状況から考えて、学歴がないのは当然である。学歴がないということは、決して無能を意味しない。ヨハネは屈強な若者に違いないが、繊細で鋭い感性と強い好奇心を持っていた。息子たちを深く愛して、育児に励み育てた母の影響もあったと思われる。ヨハネの感じ易い性格はこの母から受け継いだのであろう。

ある時、母サロメは二人の息子ヤコブとヨハネを連れて、イエスの前にひれ伏したことがあった。サロメはイエスの宣教を支えていた女性グループの一人である。彼女は十字架の傍らに佇んで悲しみに胸を締め付けられていた4人の女性の中の一人でもあった。他の女性たちと同様、それどころか息子たちと共にイエスに仕えていたのであるから、イエスを尊敬し、慕っていたことに関して引けを取らない一家であったということができる。

マタイ（20章）によると、二人の息子をイエスのみ国で、「一人を右に一人を左に座らせて欲しい。出来たら、その約束のお言葉をください」と願い出たのである。

最後のエルサレム入城の直前、ペトロが、「一切を捨ててイエスに従ったが、一体何を頂けるのか」とイエスに質問したときのことであった。サロメの願いは唐突ではない。他の弟子たちも同じことを考えていた。したがって、思い違いも甚だしい、親の利己的な願望、などとサロメだけを批判することはできない。他を差し置いてでも自分の子の幸せを願うのは親としてのエゴイズムなのかもしれない。歪んだ愛とでも言うべきなのだろうか。しかし、親の気持ちは大同小異なのである。

イエスとの関連で、方向性の間違いはあったとしても、ひれ伏してイエスにわが子の将来を願うサロメには、イエスに対する深い尊敬心が溢れていた。それゆえに、大胆に願い出たとも解釈できるのである。子を思う母の気持ちを考えると、彼女の子に対する愛情を見逃して、行為だけを責めることはできない。

逆に、二人の息子の願いが母を動かした可能性もあるが、サロメが国中に広まったイエスの名声を知り、この人にならぜひわが子の将来を託したい、と願ったことに起因すると解したほうが事実に即している。イエスは無下に拒否することをされなかったが、拒否は拒否であった。み国における地位はイエスが与えるものではない、イエスご自身そのような約束などしていないこと、本当にイエスに従うなら、十字架の人生は避けられないことなどを諭されたのである。つまり、イエスはヤコブとヨハネは十字架の人生を歩むことになる、と言われたのである。この出来事を知った他の弟子たちは憤然とした。というのは、他の弟子たちも同じことを考えていたので、出し抜かれたと思ったからである。母と子の情の厚さに嫉妬を感じていたのかもしれない。この段階では、誰もイエスの世界で大きくなることが、イエスのみ心にそぐわないことであるとは思っていなかった。それどころか、イエスの世界には未来が約束されている、自分たちの理想が実現できる世界なのだ、とさえ思っていたのである。

人の意図とイエスのそれとには深い溝が存在している。それは時代と無関係である。世が変わっても、キリスト教の世界で一旗揚げようとする人は絶えることがない。しかし、イエスの意図はこの世における名声や地位ではなかった。イエスの世界では、自分を大きくするという願望は非常に危険である。イエスの道には謙遜という言葉はあっても、偉大という言葉はない。偉人とか聖人などの称号は後の教会が付与したものであって、イエスが与えた称号ではない。興味深いことに、イエスの教えには、世にある生き方の方が弟子の未来に関する教えよりも多く、はっきりしているのである。天における地位や名誉などイエスの話にはほとんど出てこない。

弟子たちとイエスとの乖離は決して浅くない。イエスと弟子たちとの認識の違いは他にもあった。くい違いというよりも、弟子たちの理解を超えていたといったほうが正しい。後に述べることと重複してしまうが、上なる者は下になどという価値の転換、さらに、偉大なメシアでなく苦難のメシア、というメシア観の相違、安息日を守らなかったなどユダヤ教の律法破壊などは、十字架の人生より理解が困難であった。

ヨハネに限定して、特徴的なものを挙げてみよう。

「先生、お名前を使って悪霊を追い出している者を見ましたが、わたしたちに従わないので、やめさせようとしました」とイエスに報告したことがある。

イエスの時代に、既にイエスの名を使って伝道していた「似非《えせ》イエス教」のグループが存在していたのである。似て非なる宗教、無関係でありながら、関係があるかのようにイエスの名を使っていた詐欺まがいのグループを、ヨハネは許すことができなかった。マルコは9章にそれを記録している。いつの時代でも、偽イエス・キリスト教が存在する可能性を示唆する出来事であった。マルコによると、彼らは悪霊を追い出すような働きさえもしていた。イエスに倣っていたのであろうが、実際に悪霊が出て行ったかどうかは定かではない。イエスの真似をすれば、有名になれるという野心的下心で、大衆におもねった働きだったのかもしれない。それとも金銭を目的にした病気の癒しだったのかもしれないが、真相は不明である。もっと単純に、イエスのような働きを神の恵みと信じ、自分も同じ恵みに与かり、第二のイエスであろうとの願いの人もいた可能性がある。おそらく、イエスと全く本質も動機も違い、無関係の人々がイエスに類似した働きをしていたことに間違いない。自分をキリストと称する者も存在していた。末の世には、多くの偽預言者が現れて、多くの人を惑わすとイエスも言われたことが、すでに実現していたのである。驚くべきことに、この状況は今日まで続いているのである。

時代は、いつでも、いろいろなタイプの人を輩出する。したがって、宗教も一つではない。明白なことがある。イエスの求めておられたのは、「教え」や「学び」ではなく、「生きる」であって、「生」において証明される現実的世界なのである。したがって、「いのち」のない宗教は直接イエスに結び付いていないことの証左である。イエスの「生」とは何か。それは本書のテーマの重要な要素でもある。

たしかに、ヨハネはこのようなグループの存在を許せないと憤慨していた。イエスが「悲しむ者は幸いである」と言えば、彼らも「悲しむ者よ、慰めてあげよう」などと言う。ドグマでは区別がつかない。みんな同じようなことを主張するからである。イエスのような聖なる雰囲気が欠如していても、それは、一般の人に理解されることはない。今日、宣伝と虚偽と詐欺との区別が困難であるのとよく似ている。

人々を引き付けるものは、具体的・現世的な何かなのである。癒されること、与えられること、神の恵みで幸せな人生を送ることができる、などの約束と希望に人々の心は動かされ、群がっていく。主張しているドグマの比較検討だけで、何が正しくて、何が間違っているのかの正否を決めることには困難が伴う。同じ思想を展開し、自己の正当性を主張する宗教家は時代を問わず存在するからである。この人たちの基本的ドグマは、正統派と称する立場のドグマと類似している。

イエスの弟子として過ごした結果、世にある宗教家たちとは何かが違うのだ、ヨハネはこんなことを感じていたかもしれない。この違和感は現実的実体から来ている。彼らの宗教活動はイエスのグループと全く違っていたのである。教えている教義は似ている。しかし、自分たちのドグマに生きていないので、中身が違う。迫ってくるものがなく空虚な感じがする。イエスにない打算性、支配欲、そして名誉欲などが彼らに見え隠れしている。イエスは癒しの対価を求めたことはなかった。行われた「わざ」は神の子の「しるし」としての働きであって、それを誇りにすることも、民衆の関心を得るための宣伝に使うことなども決してなかった。存在していたのは、イエスにある神の愛だけであった。類似している面があっても、神の愛が彼らに見当たらなかったのである。アガペーがあるか否かの問題は根源的である。今日のキリスト教も、この点から考える必要がある。

真似するだけの亜流を許さないというのは、ヨハネだけにとどまらない。他の弟子たちも、イエスを思う正義感に溢れていたので、同じ考えを抱いていた。狭量というより、イエスへの愛着、正義感、立派な弟子であろうとする情熱など、どの弟子も心の内に持っていたものの発露であろう。自分たちの正当性を守ろうとする熱意の表出を、誰も間違いであると思っていなかった。後になって、イエスの柔らかな拒否で、人間の正義は必ずしも神の正義にはならないことを知り、イエスの世界で、自分たちの正義を貫くことや、自己存在を大きくすることなどは、イエスの望む道ではないことを知ったのである。組織的形態や教義が同じでも、本質的にイエスと無関係の宗教はいくらでもある。本物を知りたかったら、「いま」置かれている「その場」で、イエスの愛（神の愛アガペーのこと）を見い出せるか否か、ということが尺度（カノン）になるだろうと思う。

この決定的な違いは宗教の本質にかかわる問題である。少なくとも、キリスト教においては根源的なのである。イエスの愛には、社交的辞令、表面的親切とは全く異なる何かがいつもあった。それをヨハネは気づき、知ったと思われる。だから後に、愛を強調する福音書を書き、書簡では、「神は愛である」とまで書いているのである。

イエスに関しては、イエスの愛を受け入れると同時に、イエスを愛する愛に燃えることで、いのちのある関係が成立する。イエスの愛は、受け入れる人の心に働く神の愛なのである。愛することと愛されることは分離することも、行為の主体の変更も許されない。無為無策で沈黙してしまう状態は愛の関係においては存在しない。愛はいつも現実の中でカイロス的に働く力を持っているのである。愛の応答に時間が介入されたり、現実という波に晒されて変形したりすると、本来の愛の力は失われてしまい俗化してしまう。

愛ほど無理解に晒されているものはない。人々は、イエスの愛を自分に対する恵みとしてしか理解していない傾向がある。解釈や理解が自分中心になっているのである。愛は受動的であると同時に能動的でもある。愛は、愛する側と愛される側との相互に流れるいのちとして働いているのである。

いわゆるカルト宗教にはこれが欠けている。会員の生活が困難になるほどの金銭を要求することもある。自由はなく束縛が支配しているのである。絶対化された自分たちの作為的な掟に従うよう要請する。会員は犠牲者になるが、自由人にはなれない。絶対化された教会に反することは罪であるとされるからである。

愛をないがしろにして、教会活動などへ参与と神への奉仕との完全な同一化が、カルト的宗教にしばしばみられる。そこでは、教会における宗教活動は、神への奉仕となる。したがって、会員は神様のためと信じて、教会奉仕に励んでいるのである。財を捧げ、時間を捧げ、生活を教会の指導に従わせることが模範的な信徒とされているのである。天国に最も相応しい信徒は模範的な教会員なのである。このため、カルト的教会は俗から聖へのヒエラルキーを内部につくりあげる傾向がある。教会奉仕と愛に生きることとの間にはギャップの有ることに気づかなければならない。

ドグマは類似していても、イエスの愛の欠如しているキリスト教会の存在は、時代も場所も関係なく、時空を超えた宗教的現実なのである。いつの時代でもカルト宗教は存在している。その胚芽はイエス時代にすでに存在していたのである。イエスに仕えているようにみえるが、その実、イエスと無関係であり、自分たちの組織、教理に仕え、宣教を自分たちのグループの保持・拡張を目的にしているのである。このことに気づいたのであろう。

今日、多くの人々はカルトに躓き、教会に興味を示さなくなっているのである。

さらに、見逃すことのできない問題がある。カルト宗教には、独善的自負心から生じた、信仰と称する宗教的確信がある。このことのために、正当性を主張し、非を認めない傾向がある。原因は、自己の信仰を吟味することも、また、他の批判を受けようとしない傲慢ともいえる頑なさが支配し、宗教特有の独断に溺れているからである。宗教的活動とその正当性の主張は、自己を絶対化していることからくる確信である。ユリウス・カエサルはこんな言葉を残している。「人は自分の望むものを信じる」信仰とは、自己に向かう働きではない。

しかし、信仰の在り方に関しては、正統派と自認する教会にも問題がある。信仰に熱心であろうとする人々に多く見られることだが、信仰の高みへ登ろう、それを維持しようとして自分の力や努力を過信する傾向があるのだ。したがって、こんなことを言う。「どうして脱力するのか。強い信仰を維持するにはどうすればいいのか」間違いは「信じる」という人間側の努力にある。「われ信ず」という形で土台を自分の側に置いて努力で信仰を構築することが、イエスの言う「からし種一粒の純粋な信仰」であるとの間違った理解に原因がある。信仰は努力の結晶ではない。努力で信仰の高みを維持しようとすると感情の起伏によって脱力感が生じる。信じる相手である神の側にすべてを置くこと（テレーズの言う「幼な子の委託」）が信仰なのである。五感を超える必要がある。信じている状態は意識されないこともある。自然なのだ。これを忘れるとカルト的信仰と同じになる。すべて人間の努力に帰することになってしまうからである。

詐欺的行為をしているかもしれないと自己批判のできる人は、本物の詐欺師にはなれない。詐欺師は、間違ったことはしていないという確信を持っている傾向がある。分野によっては、人や社会のためになっているとの思い込みで、誇りを抱いている詐欺師さえもいる。うっかりすると、宗教も類似した過ちに陥ることがあるので注意する必要がある。

宗教的な高みを目指し、保持し続けようとする努力は、すべてを自己の側に置いているので、自己が絶対になる。さらに、自己自身であり続ける限り彼の内的確信はイエスと無関係になっていく。なぜなら、絶対者は自己なのだから。キリスト教の罪は自己の絶対化なのである。絶対化された自己の中にイエスは存在できない。この立場の者は、神を自己の信仰の中でのみ把握している。したがって、自分たちの宗教が否定されるような動きに対して、異様に敏感である。壁を作り、自己保存に躍起となり、独善的な信仰の城に籠城してしまう。構築された宗教はいのちのない内面的偶像となり、彼らの内に居を構えているのである。この状態は、かなりユダの道に近くなる。

ある評論家が宗教はカルト化する、と言われたが、イエスに向けるべき熱意と愛の方向を間違えればカルト宗教を創り上げてしまうのである。

いわゆるカルト宗教ではないが、熱心な教会にありがちな誤った傾向を指摘したい。人生のすべての出来事の原因を神に求め、責任を神に転嫁して、信じ続けることが強い信仰であると思い込んでしまう傾向がある。神がその信仰に応えざるを得ないほど、神を信じ続けるという努力が立派な信仰であると思い込んでいるらしい。そこでは、神は人間の信仰に応える奴隷と化し、信じる者は責任を神に転嫁し、自分は無責任になる。

神は人間を愛するが、人間の奴隷的存在ではない。しかし、自分が愛されることのみを願い、神を愛することなど念頭から消え去っているという現実が、ある人々の中に存在している。彼らにとって、神は自分たちや自分たちのグループの看板であり、自分たちに仕える存在と化しているのである。カルト的ともいうべきこの傾向は、特定の教派だけではない。実に深く幅広く、拡散しているのである。この事実に目を留め、どれほどイエスのいましめに従って十字架の愛に生きているか、ということを再検討すべき時が来ているのである。

ヨハネに帰ろう。イエスがヨハネのはやる気持ちを抑えたのは、人の正義は必ずしも神の正義にはならない、ということを教えていたと思われる。人は自分に合わない者を拒否しようとする狭量な正義を持っていることも見抜いておられたのである。正義を前面に押し出すことから生じる狭い考えはありがちであるが、イエスの道ではない。カルト化した宗教の世界で闘争的になる可能性があるのもこの狭量から来ている。自分たちだけの世界を築き上げてしまう宗教的狭量は、結果的に愛に反する精神を生み出してしまうからである。

サマリア人とユダヤ人は仲が悪かった。サマリア人はシケムに住み、神が与えた唯一の聖所はゲリジム山であるとし、エルサレムとシオンの丘を聖所とは認めなかった。列王記17章の記事がサマリア人宗教の起源とされていたが、エルサレムのユダヤ人との対立から生まれたのであって、現在は懐疑的である。

サマリア人の宗教はユダヤ人のそれとさして変わらない。全能なる唯一の神を信じ、モーセの5書（トーラ）を厳格に守っていた。ユダヤ人と決定的に相違する点は、ゲリジム山だけが神聖な礼拝書所であり、祭司職はサマリア人の共同体に継承されているとの主張、終末にはターヘーブ（回復者）が来臨してゲリジム山に立ち、新しい世界が始まると信じていた（申命記18、32章）。これは、クムラン教団に近い思想もあるが、ユダヤ人のメシア信仰と異なっている。彼らはザドク系の祭司の下で宗教的日常生活を営んでいた。そこでは、異教的生活（特に偶像）などは厳しく退けられていたのである。

ターヘーブは終末時にモーセの再来として現れ、110年の地上生活を終える。ターヘーブの死後、死者の復活、さらに最後の審判が続き、義人はエデンの園に迎えられるが、悪人は滅ぼされる、という終末観を持っていた。

ベン・シラの書50章によれば、サマリア人はシケムに住む「愚かな民」であり、ユダヤ人から「馬鹿者の町」とまで言われていた。イエスが「愚か者」という言葉に批判的だったのは、サマリア人に対する差別的現実が念頭にあったのかもしれない（マタイ5章）。

ヤコブとヨハネは、サマリアのある村人が自分たちの宗教を固執し、イエスを受け入れなかったので、天から火をくだして彼らを焼き払うことを提案した（ルカ9章）。サマリア人はイエスだから拒否したというより、独自の宗教を持っていたことと、犬猿の仲であるユダヤ人を拒否した可能性がある。

同じ民族でありながら、宗教と政治形態が異なっていれば当然壁は生まれてくる。ヨハネたちの発言は、イエスへの忠誠心と強い宣教心から出た言葉のようであるが、根底にユダヤ人とサマリア人との間にある激しい反目から生じたサマリア人に対する差別意識が弟子たちにもあったことを示している。この時、イエスは彼らを諭されたのではなくお叱りになった、とルカは伝えている。

ユダヤとサマリアの政治や宗教、文化の形態などの相違から社会の底流に潜む深い対立ができてしまう。そこから生まれる差別意識などに影響された思想は決して神的なものではない。そのような状況から神の裁きを求めるのはイエスの考えと一致しない。神の愛が否定されているからである。それらを超越して働くのがアガペーなのである。ヨハネたちは、自分たちの行為をイエスが受け入れてくれると思い、胸を張ってイエスに報告したのである。

村を焼き払えと言ったヨハネの認識は、自分は正しい、間違っているのはかたくなな村人である、という考えも背後にあったと思われる。彼らのかたくなさを責めたヨハネは、間違いなくイエスに褒められると期待していたのである。

ヨハネの思惑と全く異なる答えをイエスから受け取って、ヨハネたちは困惑した。権威を振りかざすと裁きや排他性を生み出す。自分に反する他を許せないからである。こんなところにも、カルト化した宗教が生まれる要素が存在している。ヨハネだけではない。他の弟子たちもイエスによって変えられるまでは、このような傾向があったようである。

ヨハネは母の影響なのか、繊細な感受性を持っていた。彼女はヨハネを漁師で終わらせたくなかったのであろう。母の意向か否かは不明だが、ヨハネはバプテスマのヨハネのもとに馳せ参じた。社会正義とメシアを求めて、新しい世界を夢みていたのである。

今は、バプテスマのヨハネからイエスの弟子へと立場は変わった。他の弟子たちより若かったヨハネは、尊敬する師と仰ぐだけでなく、イエスを幼な子のように慕っていた。ヨハネの鋭い感性は、イエスの愛の描写にとどまらず、後の福音書でメシアの「しるし」を書くことになる。

ヨハネは何かあるとイエスの心情を考える傾向があった。なぜこんなことをするのか、周囲の人々とイエスの気持ちとの比較も考え、いつもイエスの内にある意図に心を向けていた。ここにヨハネとユダとの違いがある。ヨハネはイエスの心情を探り、合わせていたが、ユダはイエスの行為に自分の立場からの批判と解釈をしていたのである。

人の目に隠されていたが、ヨハネはイエスの内にある何かを感じ取っていたと思われる。これは神の愛の発見でもあった。目を見張る出来事に遭遇すると、内にあるものを見失いがちである。ヨハネは、イエスの奇跡が愛に基づいていることに気づいていたようである。この愛を知った結果、彼は変わった。ボアネルゲが愛の使徒となったのである。晩年のヨハネは、いつも「互いに愛し合いなさい」との教えに終始していた、という伝承がある。

ヨハネは、イエスを信頼するだけでなく、イエスを愛していた。自分を、イエスに在って見失ってしまうほどイエスを慕い、幼な子の甘えにも似た純粋な信頼が彼の内にあったと思われる。それはイエスの前で自己が無になっているような愛の状態でもあった。禅の境地にも通じているが、静寂な禅と異なり、愛に生かされた姿はアクティブである。

ヨハネがイエスとの愛の関係から学んだことは少なくない。

まず、理由なしにイエスは嫌われていた。このことは、他の弟子たちも気づいていた。特にナザレにおいて顕著であった。その理由は、イエスの神的業《わざ》や教えに対してではなく、人間的条件を追求したからである。地上に生を受けていれば、生地、家族関係、受けた教育など、社会的条件から自由になれない。それらに基づいた判断は神的な要素を見い出すことができないのである。イエスを理解しようとするなら、まったく視点を変えなければならない。

福音書を手にして気づくことがある。フランスの作家アンドレ・ジッドが語ったように「色」がないのだ。景色、食べ物の内容、味、服装など全く言及されていない。したがって、後世の者は、だれもイエスの顔を知らない。顔かたちも肌の色も福音書に書かれていないからである。福音書記者はイエスの伝記を書こうとしていなかったのである。信仰という視点から見たイエスとその働きを記録しようとしていたのである。マタイやルカなどはイエスの系図を記録しているがメシアとしての正当性を裏付けるためであって、いわゆる一般の人が求めているような記録ではない。系図などに不統一があるのも、伝承の問題だけではない。著者の信仰的視点の違いが潜んでいるからである。ブルトマンは、信仰によって着色された神話的部分を排除して、純粋にイエスの言葉とわざを取り出し、伝承の違いがあっても、着色されていないイエスを描き出そうとしたが、もちろん、複雑に絡み合っている伝承を仕分けすることは不可能に近く、数字を取り扱うようにはいかない。福音書は文学であって論文ではないからである。

弟子たちがそうであったように、信仰と愛の目でイエスを見上げなければ、イエス理解はできない。神も同じである。キリスト教の父なる神は、哲学的思索の対象となる神ではない。もちろん、科学的説明の及ばない別の世界なのである。だから教会という存在が生み出されたのであろう。思索の神では教会のような宗教組織を構成することはない。キリスト教の神を知りたかったら、徹底的にイエス理解に進むべきである。

「わたしの内に留まっていなさい。そうすれば、わたしもあなたたちの内に留まっている」(ヨハネ15章。フランシスコ会訳)

「留まっている」(メノー)という語には、「留まる」という意味の他に、「住む」、「生きながらえる」などの意味もある。イエスと一緒に生活しているような情景が浮かび上がってくるような言葉である。だからイエスは「わたしを愛する者は、わたしの父に愛されてくる」とまで語っておられたのである。条件はただ一つである。「わたしを愛する者は私の掟を守る」と言われたイエスの掟とは、神と人に対する愛であって、愛の掟を守り、それに生きることが弟子の不可欠条件である。

このような聖書の言葉を、ヨハネの神学であるとか、神秘思想であるなどと解釈してしまうことはたやすいことである。ほとんどの人はヨハネが記録したイエスの言葉を知的理解だけで、自分の「生」に取り込んでいない。知識の中でとどまっているのと、それに生きているのとの違いは決して小さくない、根源的問題なのである。それは、イエスとの愛の関係に生きない限り、イエス・キリストのいのちを持つことはあり得ないからである。

イエスに教えを乞う人、イエスに期待して何かを願う人、などなど、イエスに求めることばかりの人々の中にあって、イエスに何かを求めるよりも、イエスの願っていることは何か、それを知り、それに生きることこそ、必要不可欠な条件なのである。イエスを知ればな知るほど本質は愛であり、ヨハネはそれに捉えられていたのである。イエスの弟子というより、イエスを愛する者となっていった、それがヨハネなのである。イエスもヨハネを愛していた。この関係があるからこそ最後の晩餐の席で、イエスの胸に寄り添うような行動を自然に取れたのであろう。

ヨハネのイエスとの関係が、愛についてかなり鈍感であったユダに妬みの感情を持たせた可能性もあるがこれは憶測である。伝承によると、ユダは愛に関しては恵まれていなかった。愛された経験のない者は、人を愛することができないという傾向がある。ユダとイエスの関係は、ヨハネのように愛の関係ではなかった。愛は一方的にイエスからであり、ユダはイエスを愛していなかった。イエスを先生と仰いでいたものの、愛に関して感動しない性格を持っていたと思われる。ユダを会計係にしたということは、イエスがユダを信頼していたから、と解釈する人々がいる。しかし、イエスがユダを信頼しているので任命したというより、ユダが自ら進んでその任を求めた可能性もある。適材適所ならユダよりもマタイの方がふさわしい。徴税人であったマタイは会計計算に優れていた。帳簿つけもお手の物であったに違いないのだ。

ヨハネとユダの関係は、なんとなくちぐはぐで、気が合わなかったようである。このことは、ヨハネが福音書にユダについて書いている箇所を見ればすぐに気づくことなのである。

後に述べることと重複するが、ヨハネの書いたユダ描写を列挙してみよう。ヨハネとユダはあまりうまくいっていなかったことを推測する格好の手がかりである。

「ところが、その中の一人は悪魔だ」とイエスが言われた後、ヨハネはこのような加筆もしている。

「イスカリオテのシモンの子ユダのことを言われたのである。このユダは、12人の一人でありながら、イエスを裏切ろうとしていた」（6章）

「弟子の一人で、後にイエスを裏切るイスカリオテのユダが言った。……彼は盗人であって、金入れを預かっていながら、その中身をごまかしていたからである」（12章）

「既に悪魔は、イスカリオテのシモンの子ユダに、イエスを裏切る考えを抱かせていた」（13章）
「イスカリオテシモンの子ユダにお与えになった。ユダがパン切れを受け取ると、サタンが彼の中に入った」（13章）
「夜であった」（13章）
「それでユダは、一隊の兵士と、祭司長たちやファリサイ派の人々の遣わした下役たちを引き連れて、そこにやって来た。松明や灯火（ともし火）や武器を手にしていた。……イエスを裏切ろうとしていたユダも彼らと一緒にいた」（18章）

　誰が読んでも、事実描写であるが、ヨハネはユダをかなり批判的な目で見ていたことがわかるであろう。二人は、性格的違いから馬が合わなかった、ということも考えられる。生まれ育った環境の違いもある。ヨハネは母の愛と保護のもとで可愛がられて育った。表面的には漁師という職業からくる激しい気性を見せていたが、内心は優しい心を持っていた。ユダはヨハネより理性的だったらしいが、伝承によると親の愛さえも知らなかったのである。したがって、やさしく人を包むことのできない性格だった。理性を先立たせる者は、受容的でなく、ものごとを批判的に見てしまうことが多い。このような違いで、互いにしっくりいかなかった可能性は十分に考えられる。

イエスと行動を共にしている間に、感性の鋭いヨハネはイエスにあるメシアのサイン（しるし）を見逃さず、福音書にそれを書いている。ヨハネ福音書に他者の加筆があったとしても、他のどの文書にもない「愛」を中心とした叙述がされており、愛の福音書はまさにヨハネ的である。

ヨハネの福音書は、イエスの人間性を巧みに描き出している。21章に、「イエスの愛しておられた弟子」という一文があり、20節にも同じ表現がある。ヨハネはイエスの愛を自覚していただけでなく、自らもイエスを愛していたのである。イエスが「姉妹とラザロを愛しておられた」（11章）と書き、イエスには特定の個人への愛もまた存在することを書いている。この箇所は、イエスの人間的側面を実によく描き出している。イエスの愛は宗教臭くない。神聖な神の愛に違いないが、手の届かない高みに存在するものでもない。イエスの愛はいつも人の心に触れてくる働きなのである。

ヨハネはこのように書いている。イエスが涙を流されたのを見て、ユダヤ人たちは、「ああ、なんとラザロを愛しておられたことだろうか」そこには、涙を流されたイエス、ラザロという個人を愛されたイエスが描かれている。イエスにはこのような温かい人間性がある。近寄りがたい孤高の聖人的存在としてとどまっていたのではなかった。

ヨハネ福音書では、最初の奇跡がカナの婚礼である。イエスは葡萄酒が切れたとき、新しい葡萄酒を提供している。しかも、それがイエスの最初の奇跡だったのである。そこに描かれているのは、水を葡萄酒に変えたという、酒好きな人が喜びそうな話である。しかし考えなければならないことは、人間の欠乏や行き詰まりに神はかならずしもすぐお答えになっていないということである。イエスはマリアの執り成しにも直ぐお答えにならなかった。神の「とき」（カイロス）は別の次元にあり、神はいつも人の願いにお答えになるとは限らないということである。神のみわざは、世俗的なことであっても、「カイロス」なる神の時に行われるのである。カナの婚礼では、イエスの時、神の顧みの時までに、使用人たちは120リットルも入る大きな水がめ6つに水を満たすという、つぶやきたくなるような、無意味とも思える労働をしなければならなかった。葡萄酒の欠乏時間と理解に苦しむ労働の時間がどれくらいだったか推測する以外にはない。これがなければ、奇跡は起こらなかったのである。「常に」ではないが、神不在の時間がある。神が見当たらなく、無駄な労力に明け暮れるときがある。これが神のみわざの現れる前段階ともいうべき時間なのだが、人には分からない。苦しみと空しい時間の経過であると思われているのである。カナの婚礼の話でヨハネが間接的に語っているのは神不在である。

似たような状況がヨハネの21章にある。プロの漁師が一晩中漁に励んだがまったく獲物がなく、空しく疲れ果ててしまった。絶望の中、船をのろのろと岸へ向けて走らせていたとき、復活のイエスが岸辺で彼らを待っていたのである。

神のみわざが為されるのは、人間の必要性に応じてではない。聖書に「時満ちて」という言葉があるように、神の「時」がある。人の判断も、理解も超えているので、その時を数えることはできない。信仰と忍耐が求められるのである。

イエスの「時」は経過する時間としての「クロノス」ではない。「クロノス」は横軸であり、時計の示す時間である。「カイロス」は、神のかえりみの「時」、神のみわざがなされる「時」なので、神の臨む時である。人間は出来事を見てしまうが、この縦軸としての「時」を信仰的に捉えなければならない。

聖書にある「時満ちて」は、常識的判断では捉えることのできない神の「時」を意味している。この神の「時」である「カイロス」はまさにイエスの時なのである。信仰の世界で把握される「しるし」は、しばしば神の「時」と同時性で成立している。神の啓示者イエス・キリストの存在は、歴史の中で、「カイロス」として現存在になっているのである。

II　イスカリオテのユダ

「ある外典史書によれば、イェルサレムにルベンともシモンとも呼ばれる男がいた。彼は、ダン族の出であった。ただし、ヒエロニュムスは、イッサカル族の出であったと書いてある。このルベンには、キュポレアという名前の妻があった。ふたりがむつみあったある夜、妻は、悪い夢を見た。眼をさますと、はげしく泣きはじめ、良人に夢を話した。

『子供を生む夢を見ましたの。ところが、その子供は、たいへんな悪人で、わたしたちの全民族がその子のために滅んでしまうのです』

ルベンは言った。

『不吉なことを言うね。今後二度と口に出してはいけないよ。ことによると、悪霊にたぶらかされたのではないかな』

女は答えた。

『わたしが妊娠して男の子を生むことになれば、わたしが悪霊にたぶらかされたのではなく、これが確かな正夢であったことがおわかりになるでしょう』

　さて、時がみちて、妻は、男の子を生んだ。夫婦は、たいへんびっくりして、その子をどうしたものかと思案にくれた。というのは、血をわけた子供を殺す気にもなれず、かといって彼らの種族を破滅させる者を育てるわけにもいかなかったからである。そこで、子供を葦であんだ小籠に入れて、海に流した。波は、その小籠をイスカリオテという島に打ち寄せた。ユダは、後にこの島にちなんで〈イスカリオテのユダ〉と呼ばれるようになった。たまたまその土地の王妃が海岸を散歩していて、波にもてあそばれている小籠を見つけ、それを拾いあげて、開けるようにと命じた。王妃は、籠のなかに元気なかわいい子供をみると、深いため息をついてこう言った。

『神さまがわたしにもこんな子供をさずけてくださったら、どんなにかうれしいことでしょう。自分が死んだあとを継いでくれる子供がいないなんて、なんとわびしいことでしょう』

　そこで、王妃は、その子供をつれて帰って、ひそかに育てさせ、自分は妊娠したふりをしていた。その後、王妃が男の子を出産されたという知らせが王国じゅうにひろまった。国王も全国民も、大喜びした。子供は、王家の血にふさわしく大事に育てられた。しかし、それからほどなくして、王妃は、本当に妊娠し、男の子を生んだ。子供たちは、大きくなり、やがていっしょに遊ぶようになった。ユダは、ほんとうの王子をいじめるようなことをしばしば言ったりしたりして、よく泣かせた。王妃は、いやな気がした。というのは、ユダが他人の子供であることを百も承知だったからである。王妃は、ユダをしばしばひどく殴った。しかし、彼は、悪行をやめなかった。しまいに王妃は、ユダに、彼が捨て子であって、王妃のほんとうの息子ではないことを喋ってしまった。ユダは、これを聞くと、ひどい屈辱をおぼえ、その場を立ち去ると、国王の子供である義理の弟をひそかに殺害した。そして、『つかまったら、首をはねられるにちがいない』と考えて、宮廷を抜け出し、国王の貢税をはこぶ人たちのなかにまぎれこんでこっそりイェルサレムにのぼり、総督ピラトの官邸にやとわれた。彼のような人間は、なにごとにつけても重宝なので、まもなくピラトは、ユダを自分の流儀にあう男だとおもうようになった。彼は、どの使用人よりもユダに目をかけ、宮廷内のすべてに采配をふる家令にとりたてた。さて、ある日、ピラトは、自分の官邸にたたずみ、みごとなりんごがなっている美しい果樹園を眺めていた。見れば見るほどそのりんごがほしくてたまらなくなり、それが手に入らなければ生きておれないような気さえしだした。しかし、その果樹園は、ユダの父のルベンのものであった。ユダは、自分の父を知らなかったし、ルベンも、息子のことはなにも知らなかった。というのは、息子はむかし海で溺れ死んだものとおもっていたからである。ユダは、自分の父親がだれであるかを知らないばかりでなく、自分の生国がどこであるのかさえ知らなかった。ピラトは、ユダを呼んでこう言った。『あの果樹園のりんごがどうしてもほしくなった。あれが手に入らなければ、わたしは死んでしまう』ユダは、すぐさま果樹園にとんでいって、りんごをいくつかもぎとった。と、そこへルベンがやってきて、ユダがりんごをもぎとっているところを見つけた。こうして、はしなくも父子の対面となり、口論は、やがて殴りあいになった。しまいに、ユダは、ルベンの首すじを石で殴りつけたので、ルベンは死んで息子のまえにころがった。ユダは、りんごをひろってピラトのところに持ち帰り、一部始終を話した。夜になって、人々はルベンの死体を彼の果樹園のなかに発見した。彼らは、ルベンは頓死したのだとおもった。そこで、ピラトは、ルベンのものであったすべての財産をユダにあたえ、おまけにキュポレアをも妻として彼にあたえた。ある日、キュポレアが深いため息をついていると、良人のユダが、どこか具合でも悪いのかとたずねた。彼女は言った。

『わたしは、世のすべての女性のなかでいちばん不幸な女です。自分の腹を痛めた子供がひとりあったのに、その子は海に棄ててしまい、こんどは良人がいきなり死体になって見つかるしまつです。この悲しみのうえにピラトがさらに新たな苦痛を上塗りし、喪中のわたしを結婚させ、わたしの意志にはおかまいなしにあなたの妻にしてしまいました』

彼女は、棄てた子供のことを洗いざらい語って聞かせた。そこで、ユダも、自分の生いたちを彼女に聞かせた。こうして、ユダは、自分の父親を殺し、母親を妻にしたということが明らかになった。深い後悔の念が、彼のこころにきざした。彼は、キュポレアにすすめられ、主イエス・キリストのもとに行き、罪の赦しを切願した。

ここまでの前置きは、外典史書からとったものである。とうてい信じられないどころか、むしろ拒否されるべき話だと思われるけれども、これをどうとるかは、読者の判断にゆだねておく。とにかく、主は、ユダを弟子にし、のち使徒にくわえられた。主は、ユダを愛し信用され、会計の責任者にされたほどであったが、彼は、その後主の裏切り者になった。つまり、ユダは、財産をあずかっていて、主にあたえられたものを主から盗んでいたのである。ところで、キリストの受難が近づいてきたころ、ある女性が銀貨３００枚にも相当するほど高価な香油を主のために使ってしまったことがあった。ユダは、役得がふいになったことに腹を立て、この損害をとりもどすために、一枚が普通の銀貨10枚に相当するデナリウス銀貨30枚でキリストを売った。これによって香油の損失に相当する普通の銀貨３００枚をとりもどしたのである。一説では、ユダは、ふだんからキリストにあたえられたものの十分の一を着服していたので、銀貨３００枚にたいするこの香油についてもその十分の一、つまり銀貨30枚分を自分の損失とみなして、主をこの価格で売ったのだとも言われている。そのあと、ユダは、自責の念に苦しめられて金を返し、みずから首をくって死んだ。そのとき、彼の胴体は、まんなかあたりから破裂して、そこから内臓がとびだした。口はなんともなかったから、たましいが口から出ていくようにはならずにすんだ。というのは、かつてキリストの唇に触れたことのある口がそんなひどい汚辱をこうむるようなことがあっては具合がわるいからであった。これにひきかえ、裏切りの計画をはぐくんだ彼の内奥のはらわたが裂けてとびだし、裏切りの言葉を送りだした彼ののどが紐で絞められたことは、当然のことであった。彼は、宙吊りになって死んだ。というのは、上なる天使たちを嘆かせ、地の人間たちを悲しませたからである。だから、天使たちからも人間たちからもへだてられ、中空で悪霊どもの仲間にならねばならなかったのである」

以上は、ヤコブス・デ・ウォラギネの『黄金伝説I』(前田敬作・今村孝訳、人文書院)、427頁以下からの引用である。『黄金伝説』は現在平凡社から出版されている。

この伝説では、ユダは悪人として描写されている。史実が疑われる伝説を敢えて引用した理由がある。頭が二つ、手足が各4本ある人間が二つに切られ、一つの頭と、手足が各2本の人間になったという神話が、互いに相手を求め合い、自分に欠如しているものを満たそうとするエロスの愛の適切にして興味深い説明(プラトンの「饗宴」)になっているように、ユダ理解の一助になると思われるからである。

伝説はあくまでも伝説なので、それが史実であるかどうかの問題よりも、なぜこのような伝説がユダに関して残されていたかを考えなければならないだろう。明らかに言えることがある。ユダは他の弟子たちと異なる背景を持っていたということと、もう一つは、彼はイエスの弟子として働く以前に、個人的にイエスを最も必要としていた罪ある人物であったということである。

ユダは他の弟子たちの知らなかった世界を知っていた。それも、革命家のような否定的・闘争的な世界ではなく、魅力的な「世」を知っていたのではないか、という可能性を前提にすると、ユダ理解が容易になるのではないだろうか、と思われるのである。

「ユダの福音書」が発見されて以来、ユダに対する見方が変わってしまった。ユダを理解しようとして、ユダに同情的になる傾向がある。バルトなどは、全知の神はすべてを支配しておられるというカルバン的視点から、ユダの裏切りも、十字架の贖罪と無関係ではないと考えていたようである。ユダが裏切ったので、イエスの贖罪が成立したとまで極論する人もいる。これなどは、推論的解釈で、しかも極論なので面白いかもしれないが、確かな根拠はなにもない。もちろん、史実の裏付けもない。むしろ、伝説を参考に、聖書と取り組んだ方がユダ理解に役立つ、という可能性がある。

『黄金伝説』によると、ユダは親から捨てられたことがあり、小さくても権力と富の集中している王宮の生活を知っていた。また、自分の出自を知り、彼は絶望的ショックを受けてしまったこともある。王子として生まれた子に対しての妬みも絡んで、一種の権力争いと妬みで殺人を犯してしまった。ピラトに取り立てられてからも、親殺し、近親相姦と、とんでもない罪を犯していたという。もちろん、これは伝説の話であるので、史実は疑わしい。ウォラギネによると、その相手が自分の母であることを知り、母キュポレアの勧めで罪の赦しを求め、イエスの許に走ったことになっている。ピラトがユダを高く取り立てたことが書かれているが、これは彼が有能な人物であったことを物語っていると思われる。ユダは他のどの弟子よりもイエスの許しと愛を必要としていた人物であった。彼の存在そのものがイエスを必要としていて、イエスなくしては本来のあるべき人生を生きることのできない存在だったのである。

両親は軽率にユダを捨てたわけではない。わが子も、民族を救ったモーセのようになってほしいとの一念から、モーセの故事にならい、籠に入れて川に流した。流れ着き、拾われた場所がカリオテだったのである。ここまでは、まさにモーセの世界であった。

イスカリオテの「イス」はヘブル語で「人」を意味するので、「カリオテの人」という意味になる。したがって、ユダはカリオテ出身ということになっている。エレミヤ書48章には、神の裁きの対象になっているモアブ地方の中に、ケリオテが出てくる。ヨシュア記

15章ではケリヨトとなっている。ケリヨトにはケモシの神殿があった。したがって、モアブ人はケモシの民ともいわれていた。モアブは死海の東側、ゼレデ川を南の境界としてエドムに接している。北の境界はアルノン川あたりである。現在のヨルダン国のカラク高原周辺であるとされている。牧畜とともに農業も盛んな高地である。

このように、ユダは他の弟子たちと異なり、ガリラヤの出ではなく、ユダヤ出身であった。「イスカリオテ」は「都の人」の意味であると取る者もいる。ここから、ユダはペトロやヨハネのような田舎の人でなく、都会人だったという説が生まれているが、当時のカリオテ、すなわちケリヨトは小さな町で都会といえるところではない。どの程度の町であったのか、不明である。

「彼（神）を讃美しよう」という意味を持つ「ユダ」という名前は、ごく一般的な人名である。新約聖書には、イスカリオテのユダのほか、ヤコブの子ユダ、主の兄弟ユダ、ガリラヤのユダ、ダマスコのユダ、バルサバというユダなど計6名が出てくる。ヨハネは、区別するためにわざわざ「イスカリオテシモンの子ユダ」と書いているように見えるが、それだけではない。裏切り者はこのユダであると言わんばかりに、焦点を当てているような気がする。さらに、ユダの行為について、財布の金をごまかしていたなど、ユダに対する鋭い視線も送っていた。また、ゲッセマネの後、「多くの反対者を引き連れてやってきた」

という記録は、ユダがもはやイエスの弟子ではなく、イエスの敵対者の側に立っていることを明白に示しているのである。前述したように、これらの記録から、ヨハネは事実の描写をしているようであるが、裏切り者としてのユダの行動を見逃さず、かなりシビアにユダを見ていたと推測される。ユダとヨハネとの間に確執があったのでは、と考えさせられるのである。

ユダは、伝説によると、自分の子のように育てていた王妃に、実子が生まれると母としての愛を自分の子に向けてしまったことから、裏切られたという感情を抱いてしまった。したがって、ユダには裏切られた経験があったと思われる。この経験から、愛されているという実感を持てなかったユダは、人が信じられず、究極的に愛の感受性を失ってしまい、繊細な愛の感覚より、世にあって強く、大きく生きることを目指すようになっていったようである。ということは、人への深い理解、思いやりなど愛の働きともいうべき感性に欠けた人間になってしまった可能性がある。彼が、人を思いやっている姿、愛している姿は福音書のどこにも見当たらない。明らかに、ユダは人間不信に陥っていたらしいのだが、ユダの性格上の問題はそれだけではない。個人的にイエスを必要としていたのは、他のどの弟子たちよりもユダ自身であった。したがって、イエスの弟子である以上に、ユダは罪の許しというイエスとの個人的関係を築くべきであった。伝説はそう教えている。

ヨハネは福音書の12章に、後述することと重なるが、こんな出来事を書いている。弟子の一人でイエスを裏切ることになるイスカリオテのユダは言った。「なぜ、この香油を３００デナリで売って、貧しい人々に施さなかったのか」ユダがこう言ったのは、貧しい人々のことを心にかけていたのではなく、彼は盗人であって、金入れを預かっていながら、その中身をごまかしていたからである。

ユダは、貧しい人への思いやりを思わせる発言をしたが、ヨハネはかなり彼の言葉に懐疑的であった。ユダの発言は、イエスとこの女性に見られる、許す愛と赦された愛の喜びという流れを断ち切るような行動であった。

しかし、ユダは、いわゆる犯罪者的な悪人、世の人々が常識的に考えている悪人ではなかった。自殺直前の彼の反省の言葉には、大きな間違いをしてしまった自分を意識している様子がうかがわれる。このことは後述する。

イエスに対するユダの心は、かたくなで愛に無感動に陥っていた。一般に愛された経験のない人は、愛を求めるが、自ら進んで他者を愛せない傾向がある。愛の意味も、愛することから生み出される価値も分からない。愛の働きが損得の範疇で解釈されている傾向もある。愛したことがない人は、愛の喜びを知らない。ましてや、アガペー（神の愛）のような犠牲の愛とは無縁になってしまう。実利的損得勘定で働く愛はアガペーと別個であって、ただの欲求的自己愛に他ならないのである。

ユダはイエスを目の前にしながら、自分自身に生きていた。したがって、アガペーとかみ合わない平行線をいつも歩んでいたことになる。彼は頭の切れる人であった、という見方もあるが、本当のところは分からない。自分を曲げない彼の態度は、信念の強い人物であったようにも見える。しかし、彼は自己の殻の中での「生」を貫いた頑なな人物であった、と解する方が聖書的である。彼が自殺したのは、正しい人を正当に評価し、理解せず、軽率な価値判断をしてしまったことによる自己の汚点が許せなかったからであり、間違った自分の判断に対する一種の自己批判であった。イエスとの関連の悔い改めではない。したがって、ペトロのようなイエスへの愛から出た慟哭が彼にはなかったのである。自己の行為に対しての自己批判である。それはイエスに向かう意識ではなかった。むしろ、間違った行為で自分に汚点をつけてしまったことへの自己批判であって、自己から一歩も出ていない。

イエスとユダは、交わることも、かみ合うこともない、全くの平行線を歩んでいた。ユダにとってイエスは先生であった。先生と学生との関係は、知識のやり取りはあっても、「生」の実存関係は不必要である。ユダのように、自己自身の中で、自己と相対するだけの関係に生きる者は、自分を掘り下げることが苦手である。掘り下げられない自己が存在しているからである。このような人は、一般論として、人間理解が浅くなり他者に対して十分な理解を持てない傾向がある。なぜなら、他に対する思いやりとか、理解などの領域は愛の世界なのであるから。

イエスを前に、自己自身であり続けるユダ、その対極にあるのはヨハネであった。ヨハネはイエスの言葉、行為の内に潜むイエスの「みこころ」を考えていた。物理的現象としての奇跡に驚嘆して本質を見誤った人々と違った感覚でイエスを見ていた。人の驚く奇跡から、いち早くイエスの動機である愛に思いを寄せていたのである。イエスは人の思いが及ばない、また、人が避けているような状況、つまり、悲しみや孤独、悲惨な人生のどん底にある者に手を伸ばしていたのである。闇に輝く光としての愛、それこそイエスの奇跡に隠れていたものであった。したがって、イエスのわざは愛から迸り出る働きであって、ヨハネはそこにメシアとしての「しるし」を見い出していたのである。

ユダは残念なことに、イエス以前に人生の良き指導者に出会っていない。権力者の世界は魅力的だが、個人的欲望や野心を達成しようとする人が取り巻いている世俗的世界である。ユダの見てきた世界はこのようなものであったらしい。このことが彼の人格形成に深い影響を与えていたと思われる。

ユダの裏切りの下地となったかもしれない問題点をここで挙げるとすれば、次のことが言えるであろう。まず、軽蔑と妬みである。彼は3高弟に入れてもらえなかった。ユダから見れば、誤解はあるものの、ペトロ、ヤコブそしてヨハネたちは田舎者に過ぎない。支配階級も上流社会も知らない人々なのである。知識も自分より優れているとは思えない。伝承によれば、少なくとも彼にはその方面の知識を所有していたとの自意識があった。

権力と富は多くの可能性を秘めているので、人の心を引き付ける。それが悪となるのは、権力が傲慢と結合し、富が人の心をむしばんだ時である。それらが善にも悪にもなり得るのは、すべてかかわった人間の問題なのである。

ユダにとってみれば、弟子たちのイエスへの熱意は尊敬できるが、高弟とされている弟子たちは自分と同じか、自分より下としてしか見えなかったのかもしれない。3人の特別な立場に不満を抱いていた可能性は十分に考えられる。他の弟子たちとの間に存在していた不協和音にも悩まされていた可能性もある。福音書の記述でも、ユダはかなり孤立していた。ユダがイエスの弟子になったのは、伝承によれば罪からの救いを求めてイエスの許に走ったことになっているが、病の癒しなどの世俗的名声に引かれて弟子に加わった可能性も考えられる。このような世俗的価値判断はユダだけの問題ではない。動機がどうであれ、イエスにはそれを変える力があった。ユダの場合、イエスの許に走ったのは動機として決して悪くなかった。ところが、イエスの許でユダは一度も心を開かなかった。イエスを目の前にしながら、自分の道を歩んでいたのである。イエスと交わらない人生はイエスの世界ではない。このような生き方は、選択すべきでないことを選択し、相応しくないところに立っていたことになってしまう。しかし、イエスはユダが弟子の一人であることをお許しになっていたのである。

ユダは人間的能力に優れていたと思われるが、イエスは能力で弟子を選ぶことをされなかった。弟子はまったく異なった条件で選ばれていたのである。イエスは、もし十字架を担うなら、ユダにも弟子として完成する可能性のあることを見ていたのであろう。

会計係として最もふさわしかったのはマタイであった。彼が徴税人であったことから考えてみても、計算や帳簿の仕事に秀でていたのは明白である。しかし、マタイは弟子たちの中で何らかの地位を得ようとはしなかったらしい。ユダが進んで会計係を求めたのかどうかは明らかではないが、仮にそうだとすると、引き下がる者と自ら進んで地位や立場を選択する者との本質的違いが生じてくる。

これは、イエスの世界においては決定的となる。イエスの世界、つまり神の愛による支配では、応答として愛に生きるか、それとも、大きな自己を目指して自己自身に生きるか、イエスを利用して自己の未来を定めようとするか、などはまったくイエスのみ心にかなうかそれとも反するかという重大な岐路に立つことになる。人生を左右する決定的原因ともなっている。ユダは弟子としてイエスの傍にいながら、自分の人生を歩んでいた。行動を共にしながらも心は別々、同じ道を歩んでいながら、異なる人生に生きていたのである。同床異夢といわれても仕方がないような関係であった。他の弟子たちも大同小異といえなくもないが、しかし、ユダを除く他の弟子たちはヨハネに見られるようにイエスへの敬慕の念が厚く、弟子となってからは行動にとどまらず、人生そのものをイエスに合わせるほど、イエスの感化を受けていた。しかし、ユダは自己を変えるどころか、弟子としての立場を利用し、ますます自分自身であろうとしていた。つまり、イエスは利用される存在なのである。絶えざる自己選択は、再度述べることになるが、イエスの世界にあっては、自ら何者かになろうとする意図を持っていることになり、傲慢に通じ、イエスの求めていた弟子の条件に相反することになる。したがって、徐々に不満と疑惑が鬱積していく。この生き方に徹すれば徹するほどイエスとの乖離は深くなるのである。

イエスを「師」と仰がないで、「先生」と見ていたユダにとって、イエスの世界は期待したような世界でなくなってしまった可能性がある。先生なら教えは受けるけれども、献身する必要はない。ユダがイエスについていけなくなってしまった状況は、彼だけの問題ではなかった。パンの奇跡の後のヨハネの記述にあるように、当時の人々にとっても、イエスの世界は現実離れしていて、従っていけるような世界ではなかったのである。いや、それどころかイエスは安息日を破り、ユダヤ教の伝統的掟を軽んじた反社会的人物と思われていた。

とてもついていけない、とイエスから退く者は、まだ正直である。イエスと共にいながら、イエスを裏切ろうとする者は偽善どころではない。人間として犯してはならない罪を犯していることになる。むしろイエスから去るべきであった。ユダはなぜ平然と12弟子であり続けていたのか。彼の心に何かを教えるイエスという先生は存在していた。しかし、イエスの本質である愛は彼の心に届いていなかったのである。ユダの心に描いていたメシア像は、イエスの実像と根本的に違っていたと思われる。

「さて、12使徒の一人でイスカリオテと呼ばれているユダの中に、サタンが入った」ユダがイエスを売り渡すために、祭司や神殿の関係者の所へ行って相談したのは、サタンが彼の中に入った結果である、とルカは告げる。

悪魔（ヘブライ語のサタン。イエスが使っていたアラム語ではサタナ）とは敵対者、反逆者、仇する者などを意味している。ギリシャ語のディアボロスはヘブライ語のサタンの訳語である。悪魔は、サタン、ルシファー、ベリアルなどいくつかの呼び方がある。しかし、新約聖書では明白な定義がなされているわけではない。荒野でイエスの誘惑者として、また、この世の支配者として君臨しているのである。したがって、サタンは、物理的な存在と捉えるよりも、人を神から離反させ、神に反逆するように働きかける霊的な誘惑者として関係の中で働いている存在である。サタンは霊的な目に見えない誘惑者であり、いつも神と人との関係に入り込み、人を自分（サタン）の方に引き寄せる働きをしているのである。ペトロが「サタンよ、引き下がれ」と叱られたのは、ペトロイコールサタンという意味ではない。神よりも、人間中心に考えていると、神の働きが阻害され、悪魔の思うつぼであることへの警告的言葉である。神の意思を阻害するような人間的判断は、サタンの思うつぼになっているからである。

サタンの解釈にも歴史的変遷がある。調べると興味深い。教父時代になって、明白にサタンの性格が描写されるようになった。サタンは、偉大な天使であったが、自由意思によって神のごとくになろうとして、多くの仲間と共に地上に落とされた存在として描かれている。ヨハネは、サタンの働きから、光と闇、真理と虚偽のように二元論的に捉えている。このように、サタンは神に敵対する霊的存在と考えると、現代人に理解しやすいと思われる。

ユダは、弟子でありながら、弟子としての完成を目指すよりも、自己選択に生き、自己完成の方向へと進んでいたのである。その選択以外に考えられなかったのであろう。自分を大きくしない人生なんてあり得ない。それは、人生の敗北者であり、自分を破壊することを意味する。イエスに在って自己実現を目指す選択は、その決断が続く限り、ますます自分に拘泥するので、自己からの自由は失われてしまう。自分自身の奴隷であることを意味し、解放と自由は存在しない。かくして、イエスとの距離は近くても、存在の深淵は大きくなっていく。彼の人生は、弟子としてイエスと共にありながら、心はイエスの道でない歩みをしていたのであった。最もイエスを必要としていた弟子が、思想にも行動にも、イエス排除の方向に歩んでいたという状況は、悲しむべきことである。

このような方向にユダが向かってしまった原因は、十字架の欠如である。十字架が欠如しているなら、もはやイエスの弟子ではない。もしイエスの道に徹したいなら、キリスト教のプロでありたいなら、十字架が中心でなければならない。そして、生き方は神と人への愛なのである。イエスが弟子たちに求めたのは十字架を背負ってイエスに従うことであった。後述するが、この「生」は宗教的苦難の道という意味ではない。十字架の道の誤解を解かなければならないだろう。十字架に生きるとは愛の痛みに生きることである。誤解してはならない。人間的愛であっても、愛には痛みが伴うのである。アガペーという神の愛に生きるなら、必然的に自己の内にある世俗的な人間的愛の否定に繋がってくる。神と人を愛する生き方は、自己にのみ生きる情熱と共存できない。神の愛は踏みにじられてしまうからである。それゆえに、十字架と自己否定は繋がっている。この関係に、「否」

があるとすれば、意味のない人生苦、すなわち、イエスが選ばなかった神なき空虚な苦難なのではないだろうか。

Ⅲ　弟子たる者は

イエスは弟子たちに特別な地位を保証したことはない。弟子であるからといって、特権階級に所属しているわけではない。イエスは弟子たちと生活を共にしていたが、弟子であるという理由で、甘やかしをされることもなかった。福音書を探れば、病に対する対処法や譬えの説明などを弟子たちにされたことがあったが、それらはメインではなかった。弟子たちは癒しで失敗したことさえあった。信仰の重要性を強調されたが、特に弟子に限定していたわけではないので、社会的特権にはならない。むしろ、誰であっても、からし種一粒ほどの純粋な信仰が求められていたので、弟子たちも信仰の吟味を余儀なくされていたのである。しかし、何も付与されなかったといっても、イエスのグループは、中身のない空虚な集まりではなかった。

イエスは明白な条件を弟子たちに突き付けていたのである。イエスの条件には、常識から外れた厳しい要求と逆説的生が存在している。

イエスは、「わたしの後に従いたい者は、自分を捨て、自分の十字架を背負って、わたしに従いなさい」と弟子たちに言われたことがある。マタイは弟子たちに、マルコは群衆を集めて弟子たちと一緒にイエスが語られたことになっている。この言葉は、マタイ16章、マルコ8章、ルカ9章と共観福音書すべてに記録されている。これは弟子の第一条件であって、決して見逃すことのできない教えである。条件は「わたしの後に従いたい者は」で、弟子に限らず、イエスに従いたい者はだれでも十字架は避けられない、負うべきであることを理解しなければならない。マタイは弟子に特化しているように読めるが、マルコははっきりと「群衆を弟子たちと一緒に呼び寄せて仰せになった」と書いている。弟子と限らず、誰でもイエスのみ足の跡を歩みたいなら、十字架は避けられない。自分の十字架を背負って従うべきであって、イエスに従いたいが十字架はお断り、というわけにはいかない。イエスが「自分の十字架」と言われた理由がある。求められているのは本人であって、まね事は許されない。さらに、自分は何もしないでイエスに従っている他者の「生」に与るという楽な歩みも許されないということなのである。

「アコロウセオ」、または、「アコロウテオ」(ドイツ語読み)は「従う、ついて行く」の意味であるが、野次馬的に興味半分でついていくのではない。信じて従って行くことであり、マルコ8章では、この語に続いて「わたしのためにいのちを失う者は……」という殉教的内容を含む言葉が続いている。したがって、好奇心で従うことも、イエスから何か受けることを期待して従うことでもない。決断はもっと強く、全人格をあげてイエスに従って行くことが求められているのである。イエスの「生」を自分の「生」にする意味さえも含まれているのである。このことは、十字架の意味を把握してそれに生きることであって、表面的にイエスと同じ「生」を歩むということではない。イエスを愛すればこそ、この道は喜びとなるが、愛が欠如していると、苦難の道そのものになってしまう。また、神がその人に与えられる十字架の道という意味も含まれてくるので、信仰によって受け取らないと十字架の意味を見失う。信仰の世界で把握されるべき事柄なのである。なぜ自分の十字架を背負ってイエスに従わなければならないのか、そこにはどのような意味があるのか、という問いの答えを持たなければイエスの言われた十字架は理解できない。

今日、十字架を背負うことはあまり歓迎されていない。その理由は、十字架という言葉に対する誤解から生じている。人生苦を連想し、また、自分の現在や将来が否定されると思ってしまうからである。イエスの言われた十字架とは、単なる人生苦を意味するものではない。苦しみがあるとすると、愛の痛みである。さらに、存在の否定ではなく、イエスにある新しい存在に生きるという、否定されるが同時にイエスの愛で新しくされる人生のあることを見逃してはならない。神の愛に反する存在の否定とイエスにある「生」が肯定されるのは、しばしば同時性で成立する神の「わざ」なので、この意味において逆説的である。

エルサレムに行くと、ヴィア・ドロローサを文字通り十字形の木を背負って歩く人をたまに見かけることがある。イエスの苦しみに与るという宗教的感情を満たしているのかもしれないが、ただ、イエスの言う十字架とはわれわれが重い十字架を背負って肉体的苦しみを感じる感覚的なことを意味しているのではない。このような十字架の歩みは、人々の見守る中での行為なので、誰にでもできるわけではないが、迫力だけは伝わってくる。それでイエスの苦しみに与ることができたと思うなら、たいへんな間違いをしていることになるのである。

十字架の苦しみは、物理的・肉体的苦痛のことではない、と同様に、十字架を背負うということは、必ずしも人生苦に生きることを意味していない。また、心理学でいう自己否定のことでもない。イエスへの信仰の中で把握されていないただの自己否定なら、多くの意味のない弊害が生じてくる。

それでは、自分を捨て、十字架を背負ってイエスに従うとはどのような意味を持っているのだろうか。パウロから学んでみよう。政治的・法的に死刑を意味する十字架は、パウロにおいて完全に深化され内在化されて解釈されている。救済としての十字架はドグマである。彼は十字架の救済論を他の弟子から受けたが、それにとどまっていなかった。十字架はパウロにあってどこまでも心の深みへと浸透していったのである。イエスの十字架を目撃していない彼にとって、十字架は外的出来事から内的いのちへ、自己の存在を決定づける根源的何かに変わって把握されたのである。十字架は、死刑という具体的なものから、パウロに受け継がれると、「意味」へと変化し、可視的死刑の手段が消え、内面的な問題になっていくのである。十字架の神学化である。それはイエスを内に生かす内在論になり、現実にそれに生きたのがパウロなのであった。

十字架には古い自己の死という生の否定がある。同時に、この否定は、キリストにある新しいいのちに置き換えられる、「死が生に」という逆説的意味を含んだ信仰的出来事になるのである。

多くの人は、悲しみや苦しみの人生との連続性を考えて、それが十字架の道と誤解してしまう。でなければ、宗教的な禁欲（アスケーゼ）の世界であると考える。完全な間違いとは言えないまでも、偏った理解と解釈が含まれている。パウロの十字架理解は優れた十字架神学である。彼は、十字架を人生苦や宗教上の苦行と考えていなかった。ガラテア書2章にあるように、十字架は神学的人生論を生み出しているである。ユダヤ人として、さらにローマの市民権を持つ自由人としての誇り、過去の歩み、間違いを許せない正義感、すべてを葬り去り、今あるのはキリストと共に十字架につけられている自己なのである。わたしはわたしとして生きていない。わたしはキリストの十字架と共に死んでいるのである。生きているのは過去のわたし（サウロ）ではなく、キリストが自分の内に生きている新しいパウロなのである。キリストが自分の内に生きているという内在性は、キリストの愛がいのちになっていることを意味している。したがって、自己の在り方も、存在そのものも、もちろん、人生の選択も自己が中心になっている生ではない。中心はキリストである。この意味で、反キリスト的要素（神の愛に反する要素）は彼の内から消え去り、エゴイズムは否定される。キリストの愛に根ざす人生なので、自分に誇るものなどなにもない、イエス・キリストを誇るのみである。パウロはこのような自己認識をしていた。神の愛と両立しない自己愛に生きることは拒否され、イエスの愛に根ざして、その愛に生きる。それは単なる信仰上の問題でとどまっているのではない。具体的生の座において愛に生きることになる。したがって、パウロはこのような祈りを書き残している。

「信仰によってあなたがたの心の内にキリストを住まわせ、あなたがたを愛に根ざし、愛にしっかりと立つ者としてくださるように」（エフェソ書3章）さらに、パウロは、信徒がキリストの愛の広さ、長さ、深さがどれほどであるかを理解し、神の豊かさで満たされるように、との願いを祈りにしているのである。

パウロはイエスの弟子たち以上の働きをしていたが、直接の弟子でないというコンプレックスを持っていた。かつて、キリスト教徒を迫害していたので、立場が疑われていたのである。彼は、12弟子の一人ではないが、本物の使徒であることの証明を、どのような苦難があろうとも、徹頭徹尾イエス。キリストのために生きた自己犠牲の事実に置いていた。すなわち、十字架による「死」と「生」である。彼の書簡を読むと、イエスを愛して、イエスと共に苦難を耐え抜いた、という事実であふれている。過言ではない。彼がどのような苦難を耐えてきたか、聖書を持たない方のために、共同訳から引用してみよう。

「ユダヤ人から四十に一つ足りない鞭を受けたことが五度。鞭で打たれたことが三度、石を投げつけられたことが一度、難船したことが三度。一昼夜海上に漂ったこともありました。しばしば旅をし、川の難、盗賊の難、同胞からの難、異邦人からの難、町での難、荒れ野での難、海上の難、偽の兄弟たちからの難に遭い、苦労し、骨折って、しばしば眠らずに過ごし、飢え渇き、しばしば食べずにおり、寒さに凍え、裸でいたこともありました。このほかにもまだあるが、その上に、日々わたしに迫るやっかい事、あらゆる教会についての心配事があります。だれかが弱っているなら、わたしは弱らないでいられるでしょうか。だれかがつまずくなら、わたしが心を燃やさないでいられるでしょうか。誇る必要があるなら、わたしの弱さにかかわる事柄を誇りましょう」（Ⅱコリント11章）

「敢えて愚か者になったつもりで」書いた、とパウロは言う。理由は、キリストにある自分の働きを誇る者が少なくないからである。このような人たちは、キリストからの勲章か、それとも神の国の地位なのか不明であるが、キリストにある働きで自己実現を図っている可能性がある。それは、無意識のうちにユダの道を歩んでいることになる。彼は、「わたしは自分の弱さを誇ろう」と、輝かしい働きでなく、悪い出会い、不運、されたこと、などを敢えて列挙して、戦に負けた敗北者のように、身に受けた迫害や苦悩を列挙したのである。どんなことに直面しても甘受していた、イエスと共に……。これがパウロの歩んだ道であった。

このパウロの「生」を、説教の話題としてのみ扱っているなら、大きな無理解をしていることになる。キリスト教とは「説く」ことにあるのではなく、「生きる」ことにあるからである。生きなければキリストのいのちがないことになる。テレーズが、難しい神学的講話を聞いていると、「無味乾燥」になると書いたのは、具体的「生」の座で捉えられていない言葉だけの世界だからである。生きなければいのちとしての愛がないことになる。逆に、キリストのいのちがあるなら愛に生きているはずなのである。

重複するかもしれないが、パウロの十字架理解をもう少し学んでみよう。重要な彼の言葉を引用する。

「わたしは、キリストと共に十字架につけられています。生きているのは、もはやわたしではありません。キリストがわたしの内に生きておられるのです。私が今、肉において生

きているのは、私を愛し、わたしのために身を捧げられた神の子に対する信仰によるものです」（ガラテア2章）

前述したように、パウロはエフェソの信徒あての祈りとして、キリストを心の内に住まわせること、愛に生きることの二つを書いている。キリストが心の中に住まわれているとは、パウロを支配しているのは、キリストの愛なのであって、パウロ自身の意思ではない、ということである。操り人形の話ではない。生きる力、人生における選択の動機、目標はすべてイエス・キリスト、すなわち神の愛の働きのもとにあり、神の意図を押しのけて自分の意志を貫くことはないのである。

彼の言葉が示しているように、自己否定は、信仰によって受け入れるべきイエスの「十字架の意味」の深化であり、「十字架の意味」をよりリアライズする「死」なのである。パウロの自己否定という死は、感覚的・物理的な十字架の死ではない。ということは、イエスのゴルゴタでの死そのものでもないということである。さらに、自己否定という信仰上の死は、人生が空虚になるような生物学的死でもないことは明らかである。したがって、十字架は目撃していてもいなくても、無関係である。見ていない十字架を彼は内に、キリストの愛と化した霊的な十字架として持っていたのである。

彼は、生きているのはキリストが自分の内に生きているからであると言う。「キリストの愛（アガペー）がわたしたちを駆り立てている」（Ⅱコリント5章）からであるとも書いている。「スネクソゥ」はいろんな意味に使われている語である。もともと「一緒にする」とか、「結合する」などの意味であるが、転じて、「押し付ける」、「迫る」の意味にも使われている。さらに、「しっかりと捉えておく」意味にもなる。したがって、馬の尻を叩くような駆り立てではなく、取り囲まれ、虜になっている状態での駆り立てなので、キリストとの結合状態の強い、愛の動機の駆り立てを意味しているのである。

そこは、十字架による自己否定と内に働くキリストの愛が関わり合うという、否定的であり連続的である。十字架はもはやゴルゴタでの出来事ではなくなっている。信仰によって、否定と肯定、死と生が同時性で成立するので逆説的である。それを可能にしているのはキリストの愛、アガペーなのである。肉体の死や感覚的把握ではない。したがって、復活も過去の限定された場所ではなく、今、パウロの心の中に存在する愛によって現実化されている。イエスの愛、アガペーが存在の根底となることによって、自己の決断も、感情も揺り動かされ、その愛に生きる存在と化しているのであるから、彼の内面はゴルゴタの暗黒ではなく、そこで犯罪人に語られたようなキリストのパラダイスとなっていることが可能なのである。このように、十字架は生来で世俗的なもの、エゴイズムなどを死に渡すが、同時に、キリストの愛に生きる新しいいのちへと生かすのである。死からいのちへというプロセスに、同時的逆説的に成立させる神の復活の力を見ることができるのである。

十字架を「生」の原理として認識した場合、古い自己は消え去る。いくつかの点において過去と現在との連続性もない、というのは、その間に神の愛の象徴である十字架が立っているからである。「生」は現在性において愛の実存と捉えるべき世界となる。十字架は常に現在性を有している。そして、自己の死は、存在の根底に働くキリストの（愛の）内住という「生」の現実となる。キリストにある者の存在を支えているのはアガペーなのである。十字架は「わたしの内にいますイエス」となり、わたしの「生」はイエスの愛なのである。十字架という言葉に関する先入観からくる一切のイメージは消え、十字架は信仰の中で、パウロのように神学化する。古き「生」は十字架で否定され、「死」の宣告がされる。しかし、十字架はその人の内にあって、キリストの「新しいいのち」を創造する。この「新しいいのち」は、神の愛（アガペー）である。

この意味において、愛なきキリスト教はドグマを固守し、操作しているだけの存在でしかない。厳しい伝道に身を置いたパウロは、「聖霊の実は愛」（ガラテア5章）、「愛は、すべてを完成させるきずな」（コロサイ3章）と言い切り、ペトロも、「愛は多くの罪を覆う」（1ペトロ4章）とまで書いている。十字架の苦難とは、この愛に生きることの痛みなのである。

パウロはキリストに在っていかに生きたかという人生も語った。しかし、誇りとしての成果を語ることを一切拒否していた。愛は自画自賛をしない。思いやりや親切は愛の働きの一形態だが、誇りは愛の世界にない古き人の残滓である。

このように、十字架を背負う人生とは、キリストを心の内に住まわせ、キリストの愛がすべての動機となっている「生」なのであるから、人生の選択は、キリストと共にある選択となる。人生において自己のための選択をする余地はなくなる。思想も、行動も、動機の根源はイエス・キリストの愛に裏付けられている。存在の根底がキリストの愛だとすれば、人生における選択は自己からイエスのみ心にと変えられてゆく。イエスが十字架を前にして、「み心のままに」と神に祈ったように、神のみ心に合致することが、喜びであり、人生の意味となるのである。このように、十字架はわたしたちを、新しい「生」へと導き、生かしてくれるのである。イエスの本物の弟子とは、このようなものである。

イエスの真の弟子は愛を知っている。愛に生きることなくして、弟子たる条件は満たされない。かくして、弟子の条件は12弟子という狭い世界から飛翔し、キリストにあるすべての者へと普遍化されているのである。したがって、イエスの弟子は今も存在し、これからも存在することになる。神の愛の担い手として……。

信仰義認がすべて、主にある働きとは伝道である、とだけ考えている者は、イエス・キリストを愛する愛に、いかにパウロが燃えていたかを考慮しなければならないだろう。信仰義認は入り口なのである。イエスの愛に生かされていれば、パウロの主張のように、弟子であるかどうかは肩書ではなく、内容が証明することになる。この意味で、パウロのキリストのための苦しみはイエスの弟子であることの証明になっている。イエスのいのちとしての愛が彼の内に働いているからである。パウロは実によく十字架を理解していた。死刑の手段としての見える十字架ではない。内面的、霊的十字架理解である。イエスに従うことも、十字架を背負うこともなく、自己自身に生きるなら、それはユダの道と共通である。イエスの弟子としての歩みではなくなる。

偽使徒の特徴は、報いを求めるが苦難は避ける。自分が輝き、自分に人を引き付けることを願い、それに誇りを抱くが、十字架は否定する。あるのはキリストでなく自分なのである。現実の生において、十字架を避けている者、十字架なしの生に生きている者は、宗教家であるかもしれないが、イエスの弟子ではない。世俗的人である。この視点から教会を見直すべきであろう。

この世で大きな働きをし、名声を博し、だれもその人の実績を疑い得ない宗教家がいる。彼らがパウロの言う意味での十字架を背負っているなら、世評どおりである。それどころか、偉大な人々である。しかし、もし彼らが十字架と無関係の人生を送っているなら、実績がどうであれ、「おまえたちを知らない」とイエスに言われる可能性は否定できない。それどころか、イエスの言葉は真っ直ぐに宗教家に向かって語られているのである。この世の評価と関係なく、イエスは知らないと言う。今日、キリスト教でありながら本質的にイエスと無関係の宗教家や団体の存在を、イエスは念頭に置いて語っておられたのではないか、と思われるような言葉である。事実、イエスと無関係のキリスト教が存在しているからである。イエスと関係のない働き人を「悪を行う者ども」とまでイエスは言われたのである。

われわれは、宗教家イコールイエスの弟子という図式を捨てなければならない。イエスの弟子の条件は、社会的評価と別問題になるのである。世にある働きや評価を否定しているわけではない。イエスは本質的な存在の在り方に言及していたのであるから、評価はそこから考えるべきである。でないと、カルト宗教の餌食になってしまう。

十字架を基として、弟子たる者の守るべき座右の銘があるとすれば、神を愛し、人を愛すること。それがすべてなのである。イエスの与えられた新しい掟とは、今更聖書の箇所を引用するまでもない「愛」なのである。

したがって、神の愛の見当たらない教会、神の愛を持たない宗教家はイエスとの関係が疑わしい。

残念なことに、ユダは自分を目指す道を歩んでいた。この十字架と無関係の歩みは、イエスと永遠に交わらない平行線になる。弟子としてのボケーションに生きる道ではない。それどころか、結果的に、イエスの愛に対して破壊的に働く世俗性に生きていることになる。「愛には愛を」ではなく、「愛はわたしに」、ということは、「わたしをお忘れなく」という意味になる。自分中心の生き方で貫かれているからである。宗教家のなかには、愛されることのみを願い、愛することを忘れている者がいないわけではない。イエスが求めた弟子の条件である十字架を避け、自分の願望の実現に拘泥する限り、アガペーを無視し、窒息させているのである。

ユダ自身は気づいていなかったが、意外にも些細なことの中に重大なきざしを見せることがある。彼はいつも「師」と言わずに、イエスを「先生」と呼んでいた。ヨハネが暴露したことであるが、彼はひそかに会計をごまかしていたこともあった。小さなことかもしれないが、ひそかで小さなことの背後に、重大な罪が隠れていることがある。ユダはおそらく自分の人生の未来にパラダイスを夢みていたかもしれないが、イエスの与えるパラダイスは十字架と共にある楽園なのである。キリストと共にあることで、十字架はパラダイスと化しているのである。十字架とパラダイス、全く相反するものがゴルゴタの丘に存在していた。これを理解できる人は、イエスの十字架を理解できる人である。

Ⅳ　疎外と差別の中で

マタイ8章に重い皮膚病患者の癒しが書いてある。並行記事はマルコ1章とルカ5章にもある。重い皮膚病とは、らい病と関連づけられていて、一般には、治る見込みのない病気で神に打たれた者とされ、罪ある者、汚れた者として扱われていた。

現在、差別から生じる人権問題が大きく論じられているが、ユダヤでの差別は宗教と関連して、個人的には残酷極まりないが、今日のように社会問題として大きく取り上げられることはなかった。宗教的に処理されていたからである。このような社会にあっては、宗教からくる差別は非常に厳しいものがあった。宗教的処罰は当人に過ちがあってもなくても、神の裁きと判断されたら、有無を言わせず処罰される。社会的断罪に留まらず、生存権まで否定されてしまうほど、残忍な処罰もあった。

らい病は、厳密な意味で現在のハンセン病と同じであると判断することはできない。皮膚がカビなどに侵されて白くなっている皮膚病も含まれていたからである。

らい病に関する記事は、列王記下5章、歴代誌下26章、申命記24章、レビ記13章など、旧約聖書に多く言及されている。神に呪われた病という概念は、出エジプト記のモーセの故事から来ている。ここでは、聖書の記事そのままを記述する。宗教的社会に生きていない人々にとって、その内容は驚くべきことである。少し理解を助けるためにこんなことを書いてみよう。

エルサレムで、岩のドームを見学したことがある。そこには、ソロモンが多くの犠牲をささげた場といわれている巨大な岩がある。ドームに入るには、持ち物をすべて外に置いていかなければならない。昔の日本の小学校の下駄箱のようなところにカメラも置いていかなければならなかった。「盗られないの？」と聞いたところ、興味深い返事が返ってきた。

「大丈夫。盗ったら、その人の手は切り落とされる」

われわれの自由社会では宗教の力は弱く、無きが等しい。マホメット教のモラルの厳しさに改めて驚かされた。今日でも、石打ちの刑は生きているのだ。

聖書に戻ろう。重い皮膚病（ここではらい病を意味する）にかかっている患者は、衣服を裂き、髪をほどき、口ひげを覆い、

「わたしは汚れた者です。汚れた者です」

と呼ばわらねばならない。この症状があるかぎり、その人は汚れている。その人は独り

で宿営の外に住まねばならないのである。（レビ記13章）

らい病人は神に打たれた（ツァーラアト）者であるから、罪ある者、汚れた者であると解され、通行人さえも近づかないよう差別されていた。このような宗教的判断は当時の社会の通念であった。肉体的苦痛だけではない、社会的交わりの外に出されるという悲惨な状況であった。彼らの精神的苦痛は計り知れない。祭司職にあるレビ人の診断によって、らい病でないこと、つまり、神の裁きでないこと、あるいは、神に許されていることが判明すれば社会復帰が許されたのである。

マタイ8章に、手をさしのべてらい病人に触れ、「わたしは望む、清くなれ」と言われたイエスの言葉が記されている。

この出来事には、重大な意味が含まれている。律法で触ってはいけないと禁じられている病、それどころか、2m以内に近寄ってもいけないとされていた病人に触れたのである。イエスの行為が律法違反に問われる可能性は十分だった。イエスは明白に「律法を破った」のである。

憐れみを好んで生贄《いけにえ》を好まなかったイエスは、病に神の裁きを認めていない。仮に罪の結果であっても、「(神の)栄光（みわざ）が現れるため」であって、人に原因を求めることや、押し付けることなどをされなかった。

らい病の癒しは数回聖書に記録されている。絶対に人前に出てはいけないらい病人が、臆せずイエスに近づき、ひれ伏したという行動は、命がけであり、人生の最後の賭けでもあった。イエスに拒否されればすべてが終わり、病を背負いながら、軽蔑と嘲笑を含む差別という冷酷な社会的裁きの中で、孤独に生き続けなければならない。そして、事態はもっと悪くなるのである。イエスなら受け入れてくれるという信頼と希望なくして、このような行動はできない。イエスは律法に反することであっても、事と次第によっては、このような行動を取る温かい包容力（憐れみ）があった。このらい病人の大胆な行動はイエスの憐れみに期待し、イエスの愛にすべてを賭けたのである。したがって、彼は大胆にイエスの前に人が顔を背ける身をさらけ出したのである。

イエスは安息日を破り、律法による束縛のための束縛から解放し、社会が許していない者を許して自由を与え、今は、触れてはいけないものに手を伸ばして触れている。ユダヤ教の掟を破壊しているのである。

イエスの病の癒しは肉体の癒しというより、心の癒しというより、深い内容を持っていた。しかも、イエス自身の犠牲がともなっていたのである。

人々が嫌っているらい病人を思いやり、その願いを受け入れれば、社会全体を敵に回すことになりかねない重大な反律法行為を行ったことになる。つまはじきされている人のために自分の命を危険に晒すイエスという人は一体何者なのだろう。驚きといぶかる感情の渦が人々の心に巻き起こっていた。しかし、まだイエスにある神の愛には気づいていなかった。人々は、癒しのわざに驚いていただけなのである。

イエスの奇跡は医療行為に留まらない。指摘したように、らい病人は行き場のない人々であり、差別を受けていた人々であった。彼らが隔離されていたということは、人間としての尊厳の否定、社会的断絶であり、存在そのものの否定に繋がっていたのである。道の反対側を歩かなければならないとは、患者にとって計り知れない苦痛にあえぐことになる。もし家族からも見放されれば、死が待ち構えているだけである。慰めは、らい病人だけのコミュニティーで相互に助け合うことのみ、それしか望みはなかった。もしそれさえも見い出すことができなければ、絶望と虚無の中に沈んでいく人生、それが残されていただけなのである。要するに、らい病人たちは存在の意味も奪われて、人間社会の外にある人々でしかなかったのである。ということは、未来を奪われた人々なのである。

イエスはらい病人の残酷な社会的状況と絶望的孤独という「やまい」から解放したのである。さらに、それのみならず、差別し、自分を守ればそれでよしとする偽善的な人々への強烈な批判を行為の中で示されたのである。勝ち誇っている人々の中に、神の愛がないこともイエスはわれわれに告げている。

一体、肉体が病でボロボロになっている人と、憐れみなき差別主義者の、心がボロボロになっている人と、どっちが汚れているのだろう。イエスは、「悲しむ人は幸いである」とまで言われた。偽善者こそ心のらい病者なのではないだろうか。

このように人間社会に欠如している重大な何か、モラルを超えた存在の在り方を問い、人間としてあるべき生き方をイエスはいつも示していた。

らい病人が、不治の病から解放された出来事は国中に広まり、差別という非人間的状況に苦しむ人々は喝采をし、伝統と律法に忠実であろうとする人々は眉をひそめていた。しかし、イエスを称賛する者が多く、「多くの群衆が教えを聞くために、また病気を治してもらうために集まってきた」（ルカ5章）のである。

病気を癒されたいと願う人々がイエスを取り囲んで群がっていた。どの人も奇跡に驚き、奇跡を求めていた。弟子たちも同じで、群衆と同じ驚きを抱いていた。特に、ユダは大喜びだった。弟子の一人となった自分の選択に誤りがなかったという確信に浸ることができたからである。罪深い自分を受け入れてくれたイエス、その世界は人々の称賛と誰も行えない奇跡に満ちている。ユダの目には前途洋々たる希望に溢れた世界が見えていたのである。イエスの世界には疎外という状況は見当たらない。したがって、目撃した驚くべき奇跡に、多数の人々がイエスを求めて群がっていたのである。

イエスから溢れ出ているのは愛であった。イエスは、らい病人の孤独、生きる望みも否定されているみじめな世界がどれほど深刻な傷を心に与えているかを理解していた。同じらい病人から、病気を背負って過ごす方法を伝授されるまで、初めてこの病にかかった者はどう過ごしていいのか、生き方さえも分からなかったに違いない。この人たちの心の傷の深刻さは、同時に、ひとかけらの思いやりもなく、掟を守ることに満足して過ごしている大多数の愛なき人々の無情を反映していた。イエスの行為はこのコントラストを鋭く描き出していたのである。

人々は、イエスの奇跡的働きだけを見て神の恵みと言う。しかし、イエスの行動には律法を中心とした宗教的社会に反する律法破りがかなりあったのである。最も目立っていたのは、安息日を破ったことであった。イエスは「憐れみを好んで、生け贄を好まない」という意味で安息日を無視されたのであって、破壊的行為で乱暴に破ったのではない。アブラハムに関しては、人々の理解を超える発言があった。

横道にそれるが、アブラハムを当時のユダヤ人たちは、信仰の父であり創始者、神に仕えた偉大な人物として崇めていた。間違いはない、そのとおりである。しかし、アブラハムに重大な問題があることを見逃している。事情があるにせよ（創世記16章以下）、アブラハムの子を抱いたハガルにパンと水の入った革袋だけを背負わせて、荒野に追いやったのである。こんなところで、生きていけるはずがない。子供の死を見たくない、と言ってハガルは「声をあげて泣いた」と聖書は告げる。神の助けがなければ、母子とも荒野で死んでいただろう。この箇所だけ読むと、愛も思いやりもない冷酷な人間アブラハムということになってしまう。アブラハムの時代考証を考慮しても、ここは問題になる箇所である。アブラハムは、荒野を旅する商人たちに出会えばハガルは助けてもらえるとでも考えていたのであろうか。レイプと略奪の可能性の方が現実的ではないだろうか。あえて、われわれの視点で書くと、正妻サライとハガルの関係が悪くなり、サライの意見に従ったとしても、アブラハムはハガルを利用して捨てたと言えなくもないのである。この時の子イシュマエルは今日のアラブ人の祖先であるといわれているが、真偽のほどは不明である。ただ、殺人者カインもハガルも神が守られたという、裁きより哀れみ深い神が描かれている、そこに注目すべきであろう。

　奇跡に驚いている人々や、その恵みに自分も与ろうとする人々の理解を超えたイエスの世界がある。自分も与ろうとして、神の恵みを追い求める人の理解では、目に映るのは奇跡だけである。この状況は時代を超えている。イエスには、肉体や心の病を救ったということで済ますことのできない、隠されている事柄がある。それはイエスの犠牲ということである。奇跡の社会的影響があまりにも大きいため、見逃されがちであるが、すべての奇跡の陰にイエスの犠牲が隠されていたのである。これを見逃せば、イエスは偉大なカリスマ的指導者で終わってしまう。イエスのわざにはすべて愛の犠牲が存在する。イエスは自分を危険に晒してまでも、矛盾した社会の狭間に立ち、差別された犠牲者のために自分を捧げていたのである。

群衆同様、名声と奇跡にのみ目を留めていたユダには、イエスの愛と犠牲が見えていなかった。有名であること、社会的反響が大きければ大きいほど、ユダは「わが意を得た」という確信を深めていたのであろう。イエスの弟子に加えられた彼にとって、イエスのわざは自分の存在を裏付けてくれる保証のようなものと受け取っていたと思われる。

V　絶望のきわみ

「愛らしきもの」という意味のナインは、ガリラヤ湖の南に位置するかなり重要な町（現在はネイン）である。イエスの一行はカペナウムからの途中、城壁に囲まれているこの町にやってきた。ナザレに近いが、カペナウムからは40㎞ほどの距離がある。弟子たちが空腹のあまり麦の穂をつまんで安息日を破ったのもこの周辺である。町の西側に泉があり、郊外の丘陵地には岩を掘り込んだ墓地があった。

町の門に近づいたとき、墓地に向かう葬式の列にイエスたちは出合ったのである（ルカ7章）。やもめである母の唯一の息子の死であった。息子（ヒュイオス）というギリシャ語では、幼児でないことは確かだが、年齢は分からない。母ひとり、子ひとりの寂しい家庭にあって、母の唯一の望みは息子の将来であり、息子と共に過ごす日々の生活は、彼女にとって何物にも代え難い幸せの日常だったたであろう。

イエスの第一声は、「もう泣かなくてもよい」であった。イエスの言葉が示しているように、彼女の悲痛な泣き叫ぶ声は、周囲にこだましているのではないかと思われるほどであった。

心のよりどころでもあり、唯一の愛の対象でも、希望でもあった息子、その死の悲しみは筆舌の及ぶところではない。癒されない喪失感と深い絶望だけが彼女を支配していた。望みは完全に消え、ただ一人残された母にとって、世の魅力は何もなく、前途を失った彼女は、生きる気力を失い、人生の意味さえも見い出すことができなくなってしまっていた。泣くこと以外に何の慰めがあるのか。息子の魂と共にあることだけが、唯一の居場所となってしまったのである。できることならわが子と一緒に墓の中へ、おそらくそれが彼女の最後の望みであっただろう。

息子の死を前にしたとき、母は何を心に思い浮かべたのだろうか。夫がいなければ、なおさら深く母の愛情は息子に向かう。楽しみも、希望も唯一の息子にしかない。恐らく、一緒に遊んだ幼いときの息子の思い出、小さなことでも一緒に笑った楽しかったひと時、息子と二人だけの平凡な生活なのに安らぎのあった日々などが脳裏をかすめてくる。愛情はすべて息子に、という生活だったのに、死がなにもかも奪い取ってしまったのである。キルケゴールは『死に至る病』で、それは絶望であると看破した。まさにこの家庭は死に至る病で覆われてしまっていたのであった。唯一の息子の死は、幸せを奪い、母としての生きる意味も取り去り、彼女は魂の抜け殻のような存在と化し、生きることよりも死ぬことが望む、という状態であった。よほど悲しみに打ちひしがれていたのであろう。彼女に同情した人々が、大勢参加し棺を取り巻いていたのである。まるで、町をあげての葬儀であるかのようであった。

母の魂から絞り出されるような慟哭は、悲しみを表現する職業的泣き女の声に打ち消されていたのが、深い共感で葬式を取り巻いていた関係者の、せめてもの慰めであったかもしれない。一行は町はずれの門のところへとやってきた。墓地はもうすぐである。

母の慟哭はよほど悲惨だったのであろう、悲しみはイエスの胸に届いた。状況をいち早く察したイエスは、憐れみの念に駆られ、「泣くことはない」（フランシスコ会訳）と言われたのである。イエスの言葉は二語だけである。ルカは非常に強い悲しみを表現するときに「クライオ」という言葉をよく使う（10回以上使っている）。ヨハネ文書より多い。嘆き悲しんでいる状態を表す言葉である「クライオ」を否定語「メ」で打ち消しているのである。訳文が、泣かなくてもよいでも、泣くことはないであっても、状態の否定なので命令ではない。命令なら悲しみの原因が残されたまま、我慢して泣くのをやめなさい、という意味になる。しかし、イエスは、我慢ではなく訳文にあるように、嘆き悲しみを、泣いている状態を否定されたので悲しみの原因は消え去り、存在を失っている。

イエスの言葉は、暗黒を打ち消す小さな灯火であった。絶望的悲しみの心に届く癒しの言葉でもあった。しかし、それは誰の目にも見えない光で、嘲笑う人もいた。第三者の旅人に、この悲しみが分かるはずがない。だからいい加減な言葉を掛けてきたのだ。ほとんどの参列者はそう思っていた。

イエスは棺に手を触れた。行列は驚いて立ち止まってしまった。驚くのは当然である。レビ記11章によれば、死者に触れると汚れると書いてある。人々はなるべく死体に触れないようにしていた。律法に従うだけでなく、汚れた体で一日を過ごしたくなかったからである。

「若者よ、わたしはあなたに言う。起きなさい」

確信に満ちたこのような言葉をだれも聞いたことがない。一体、これは狂人の言葉なのか、それとも、何か権威のある者の言葉なのだろうか。

突然、理由なしに棺に手をかけるような人がいるなら、嘲笑と怒りの対象になり、律法にも反しているので、人々はそのような者を避けるか、排除しようとする。しかし、イエスは名状し難い権威と確信に満ちていたので、棺を取り巻く人々はただ驚いてイエスを見つめるだけであった。

立ちはだかっていたイエスは、慟哭の女性とその原因との間に立っているようにも見えた。悲しみはイエスの後ろに退き、存在を失っていたのである。

イエスは新しい命に生かされた息子を母にお渡しになった。息子はイエスから改めて母へ。死んだ息子と母だけの寂しい家庭だったが、いまは同じ二人でも、死んでいたはずのわが子が生きているのだ。イエスから受け取った息子を抱きしめながら、イエスの恵みと力を母は強く感じないわけはない。イエスの介入は、絶望や悲しみからの癒しにとどまらなかった。家族関係まで変えてしまったのである。なぜかというと、この家族にとって絶対に忘れられないイエスの介入が加わっていたからである。イエスが去って二人だけの家族になっても、イエスの存在はいつも二人の心から離れることはなかったであろう。

目の前で死人が起きあがって口を開くという奇跡は、人々にとって、驚きよりむしろ恐れを感じさせたのである。母と子の悲惨な状態を超克し、死の暗黒からいのちの光へと移行させたのは、イエスの働きなのである。それを目撃した人々は、「偉大な預言者が現れた」、「神が訪れた」などと口々に語り伝えていた。おそらく、列王記上の18章にある預言者エリヤの話を回想したのであろう。この噂は「ユダヤ全土と周囲の地方に、あまねくひろまった」（ルカ7章）のである。

驚愕は弟子たちも同じであった。ユダは、この場合も、イエスのような先生についてきたことの誇りと喜びを噛みしめていたと思われる。イエスには不可能はない。弟子となった自分の前途に横たわる未来を想像すればするほど、言い知れない喜びと希望に心が躍るのであった。このイエスの弟子である、という誇らしい思いでユダの心は満ち溢れていたに違いない。

死者の復活は仰天すべきことに違いないが、もう一つの意味も考えなければならない。イエスのみわざは、内面に潜む絶望と悲しみと喪失感を払拭してしまったのである。これは肉体の癒しに勝る深い内面的癒しである。

悲惨な人生に直面すると、人は悲しみに浸って、感情のままに涙を流し続けていたいと思う。絶望の黒い闇だけが自分の世界、だからそこから離れたくないとまで感情を高ぶらせてしまうこともある。どん底にある人は、明るいマーチのような曲を避ける。かえって、レクイエムのような静かで悲しみに溢れた曲に浸るものである。悲しみは客観的に存在する何かではない。内面的なので心の癒しがあれば、悲しみの感情も消えてゆくものなのである。

葬儀の行列に参加していた人々の心に、イエスの存在が大きくクローズアップされていた。葬儀は葬儀でなくなっていたのである。イエスが、その息子を母親にお渡しになったのは、「さあ、母と共に新しい人生を歩みなさい」という声なき声を母の心に響かせたのかもしれない。驚くべき奇跡に対しての反応は人知を超えている。人間の感謝も、喜びも表現力を失っていた。この旅人は一体誰か、そう驚くのが精一杯であっただろう。

ナインの人々は、絶望的悲しみから救われた母子を目の前にしていた。死者の復活にとどまらない、心の癒しがイエスにはいつも伴っているのである。癒しという感覚的奇跡に驚き、心の奥底に届くイエスの働きの本質を軽く考えてしまう、でなければ、見失ってしまうのが人の常である。奇跡の驚愕があまりにも大きいからである。ナインの母と子に感謝があるとするると、存在そのものから溢れ出る感動であっただろう。愛に震える心でイエスを見上げることのできる感受性と柔軟な心のある人は幸いである。イエスとはこのような目で見るべき人なのである。

もう一つ、例を挙げておこう。話は変わるが、イエスの一行を見ようとして木に登っていた徴税人にイエスが声を掛けられた。「ザアカイ、急いでおりなさい。きょう、わたしは、あなたの家に泊まりたいのだ」イエスを大歓迎していた群衆をしり目に、イエスは嫌われ者である徴税人に声を掛けられたのである。ザアカイは徴税人の頭で、金持ちであった（ルカ19章）。ローマの手先として嫌われていた職業、まして金持ちということで、あらぬ疑いをかけられる立場である。間違いなく、彼は孤独と批判の目に苦しんでいたに違いない。経済的な豊かさだけでは、人の心から不安を取り除くことができない。富よりも大きな不安がいつも彼を支配していた。富は平安より不安を生み出していたのである。

サルトルが「地獄とは他人の目である」と書いているが、徴税人ザアカイは地獄を実感していた。多くの人々の批判の言葉にいつも晒されていたからである。しかも、身に覚えのない悪意に満ちた勝手な憶測に基づいた感情的非難なのである。彼が富める人であったため、妬みも入っている。人からつまはじきされている自分、富はあるが孤独に苛まれている自分のような人間に声を掛けてくださったイエス、そして、自分の家に来てくれるとは、なんという福音なのだろうか、喜びを超えていた。

イエスのみわざは、いつも過去や原因を問わないで行われる。多くの人は、予期せぬ不幸や災難に出合ったとき、原因を詮索してしまう。この行為は当人の過去にまで及んでくる。しかし、過去の詮索は、しばしば現実に圧倒されていることにもなり、神の手が見えなくなっていることでもある。イエスは現実を支配することのできる、しかも、われわれの意識から失われているもう一つの権威、神の介入ともいうべき可能性を持っていたのである。ペトロが神殿の外で足の不自由な人を癒したとき（使徒言行録3章）、「イエス・キリストの名によって」と言った「名」とは、イエスの権威を意味している。この世を支配している権威とは違う神の権威の支配の現実化が癒しのみわざを可能にしていたのである。

VI　パンの奇跡　躓き１

有名なパンの奇跡の話は、共観福音書だけでなく、ヨハネの福音書にもある。興味深いことに、ヨハネは、奇跡の後の議論が大きな躓きになったことを記している。

マタイ16章では、パンの奇跡は2回あったことになっている。パンを受けた人々が5000人と4000人の2回記録されているのである。計算に強いマタイが人数を間違えるということは考えられないので、おそらく、マタイは他と異なる資料を持っていたのであろう。解釈学の問題には立ち入らないで、パンの奇跡の意味を考えてみよう。

マタイは15章32節にこう書いている。「この群衆がかわいそうだ。もうすでに3日間、わたしといっしょに過ごし、食べる物を持っていない。空腹のまま帰すにしのびない。途中で倒れるかもしれないから」

群衆はイエスによる病の癒しに驚愕してイエスの後を追ったとも考えられるし、また、偉大な預言者が出現したということで、預言者を見ようとしてイエスの後を追っていた可能性もある。いずれにしても、食事なしで3日間もイエスの後を追っていたということは、イエスのインパクトがいかに強かったかを物語っている。イエスは食事もしないで3日も歩き続けてきた群衆を哀れに思い、「このまま去らせるのは忍びない」と言われた。パンの奇跡は名声のための奇跡ではなく、イエスの深い憐れみの行為であったことをマタイは記している。場所はペトロの故郷ベトサイダである。

イエスの思いやりを理解しつつも、弟子たちは、「この人里離れた所で、このような大勢の群衆を満腹にさせるほどのパンが、どこで得られましょうか」と人数の多さに困惑し、場所から考えても大量の食物を手に入れることは不可能であると答えた。解散すれば、各人がそれぞれ自分の食べ物を購入することができると常識的判断を示していたのである。当然のことである。マタイによると、人数は女と子供を除いて5000人であったという。誰が考えても、この人数に対し、このような場所で食料を手に入れることなど不可能である。調べた結果、5つのパンと2匹の魚はあるけれどもそれでは無理、200デナリ(1デナリは当時の労働者1日分の給与)も必要なのだが、手元にそれはない。もちろん、提供されたパンと魚ではとても足りない。持てる物があまりにも少なく、とてもこの人数に対応するのは不可能である、と弟子たちは考えていた。人間の力の及ばないことに直面するのは、誰でも経験することである。イエスはグループ分けして、人々を座らせた。自然の中で人々がイエスに全神経を向けて静かに座っている状態は、神のわざが行われる前段階というべき状況と解釈されている。

提供された少年の弁当である大麦のパン5つと魚2匹を手に、イエスは感謝して人々に分け与えた。イエスの手によってパンが裂かれているのだが、無くならないのだ。草原に座した群衆は十分に満足し、残りのパンで12の籠がいっぱいになったという。この奇跡は福音書すべてに記録されている。大事件だったのである。物音といえば、パンを配る弟子たちの動きくらい、人々も静かにパンを受け、騒ぎ立てる者は誰もいなかった。自然の寂寥の中で、イエスの存在だけが大きく、言葉にならない何かが支配していたのである。

イエスは、少年の捧げものを受け取り、パンと魚を裂いて人々に渡したが、全員に行き渡るまで、裂いても、裂いても、なくならなかった。そこでは、この世のものではない不思議な神の支配が展開されていたのである。ここに述べられているパンの奇跡こそ、まさに人間的価値判断を超えた信仰の世界でのみ把握できる神の働きが描写されているのである。エジプトを脱出したイスラエルの民は、マナで養われたという不思議な経験をしている。現実世界をクローズアップさせて、非現実的、神秘的な出来事を否定するのは簡単なことである。しかし、困難な状況の中にイエスを見る信仰は安易なものではない。神なき時代に、困難を乗り越えて、神を信じることの大切さを聖書は語っているのである。われわれの心は、神が小さく、現実が大きく支配しているので、聖書の告げる世界と真逆である。

人々は驚愕した。いつの時代でも人間はパンを求めている。民衆は自分たちを食べさせてくれる王を求め、王は民衆の人気を求める。支配者と民との関係は、時代や社会組織が変わっても、基本的に同じである。民衆はイエスを担ぎ上げて王にしようとした。その目論見を知ったイエスは、この奇跡の後、山に逃れてしまうのである。

人はだれでも試練の大きさと対する能力の欠如で絶望する。現実に、イエスの世界のあることに考えが及ばない。「必要」とは欠乏を意味している。したがって、対応する解決策に物理的・経済的に不可能という現実に圧倒されてしまうことが多い。

現実を超越してもう一つの世界へと思いを馳せ、希望を抱くのは、まさに信仰の世界なのである。状況から判断して、とても奇跡など考えられない。そのようなときに神を信頼する信仰こそほんとうの信仰なのである。なぜなら、信仰は自分の努力ではなく、徹底的に神を信頼することなのだから。したがって、直接的には奇跡の有無と関係がない。

子供が持参した弁当を提供したことに感動して民衆が互いに持っている物を分かち合った。それで全員が空腹を満たすことができた。という無理にこじつけた解釈もあるが、それは福音書に書いていない。全員がわずかな食糧を持っていたことになり、この解釈は想像でしかない。また、疑い深い人は12の籠はどこから来たのか、という問いかけをする。どうしても現実判断から自由になれないのだ。信仰の世界には、人の考えの及ばない出来事が生じることがある。現在、パンの奇跡が行われたという場所にも教会がある。イエスが座り、パンを裂いたという岩もそこにある。どんなことでも、観光化されてしまうと、すべてが遠い昔話になり、今はイエスのわざはない、という現実の再認識になり、つまらない。「かんこう」でなく、「しんこう」を見い出せるような場所はなかなか見つからない。例えば、ベテスダの池は場所が特定されて発掘されていた。行ってみると、池の跡を示す大きな看板がある。池はかなり深く谷底のような感じがする。よほど掘ったらしい。底の方に、お世辞にもきれいとはいえない水たまりのような池が見える。下りていく梯子がかかっていたが、危険なので、誰も下りていく人はいなかった。許可が必要なのだろう。このような状況から、ヨハネ5章に5つの柱廊があって、多くの病人が池の水の動くのを待っていたという話は、現状からは想像もできない。２０００年の歴史の流れは、短いようで長いものである。流れた時間は当時を想像することさえも拒んでしまうのである。

イエスの働かれた場所が発見されても、伝承か遺跡でしかなく、イエス・キリストをリアライズさせるものはなにもない。イエスに対する愛だけが距離を無限に縮めてくれる。わたしは別の本で、キリストと愛の関係を確立することの重要性を書いたが、間違っていない。

さて、ここでも大喜びしたのはユダだった。どんな王であっても、民衆の支持がなければその支配は危うくなる。政治的王でないにもかかわらず、イエスはこれだけの人々から支持され、慕われているのである。もし彼が王になったとしたら、メシアという立場でもいい、支配者になったら、というイエスの未来を考えると、弟子であるわれわれの未来もまた輝かしく、前途洋々たるものにならないだろうか。

このユダの喜びは、すぐに暗雲に閉ざされてしまった。イエスと群衆との亀裂が、しかも、かなり根源的で深い溝が生じてしまったからである。

「われ聞けり　かなたには」で始まる讃美歌に、「かしこには、争いも患いも、明日の憂いもなし」とあるように、どれだけの人が、というよりも、人類のほとんどがこの世界を夢みているのである。争いがなく、病もない世界。さらに無料で、無制限にパンが配られたら、間違いなく数え切れない人々が群がることになる。それどころか、全世界のメシアとして君臨する可能性大である。人々は、神を啓示するメシアより、自分たちの願いに応えてくれるメシアが欲しいのだ。現在、イエスのわざが見当たらないのは、この人間のエゴイステックな「さが」で打ち消されているからであろう。人々の望んでいる神は、人間の要求に答えてくれる神であり、われわれのメシアなのである。

群衆を後に、山に逃れてしまったイエス。いつものことで祈りに行ったのだろうとの浅い考えでは収まらない状況がそこに巻き起こっていた。
「うけ」を求める芸能界の話でなくても、大人気となり、大勢の人々が集まっているのをしり目に、その場を去ってしまう人はいない。芸能人なら「うけ」を自慢し、政治家なら群衆を利用する。宗教家も自分の偉大さにほくそえむ。しかし、イエスは逃げてしまったのである。こんな人はこの世にいない。指導者は群衆の願いに応えて、利用しようとする。イエスは人の願いを否定したのである。

ヨハネによると、群衆は、草原に群がる人々の中にイエスが見当たらないことに気づき、後を追ってガリラヤ湖を渡り、カファルナウムまでやってきた。ガリラヤ湖を渡ってまでイエスの後を追ってきたのは、全員ではなく、中心的な人たちであった。この人たちは、食を中心にした現世的価値判断を持っていた群衆の代表のような人々である。イエスは彼らに向かって、「私を求めるのはパンを食べて満腹したからだ。いつまでもなくならない永遠のいのちに至らせる食べ物のために働け」と言われた。

この言葉を聞いても、人々はまだ悟らなかった。「永遠になくならないパンをください」どこまでも、人は感覚的、現世的、打算的な欲望の汚染から離れられないのである。

イエスはとんでもないことを人々に語りだした。パンを求めるユダヤ人に、「あなたが たが私を捜しているのは、……パンを食べて満足したからだ」などと批判し、さらに、議論の最後に、「わたしの肉を食べ、わたしの血を飲む者は、永遠のいのちを得る」などと語ったのである。感覚的・現実的な人々にとって、これほど躓きになる言葉はない。多くの者たちは、どうしてこの人の肉を食べ、血を飲むことができるのか、大きな議論が巻き起こってしまった。イエスを心の内に住まわせるという信仰的理解なくして、物質的追求をすればするほど、疑惑は不信を生み、躓きへと進んでいったのである。さらに、イエスはパンのことばかりで「しるし」を見ていない、と追ってきた人々を批判する。

人々は、自分たちを食べさせてくれる者を求める情熱は持っているが、「しるし」を見るという信仰的力はなかった。彼らは、ただ欲望でイエスを求めているだけなのである。人々は、イエスが与えようとしていたものを受け入れたのではなかった。したがって、神のわざなるパンもまた日常食べるパンとしか理解していなかったのである。

「そのパンをいつも下さい」と言った。食べるパンから離れられない人間の「さが」そのものを露呈してしまった。イエスはいのちのパンとはご自身のことである、と述べた。神であろうと、アガペーの愛であろうと、人間中心でしか考えられない世俗の波の力は大きい。恵みを求めてキリスト教に加わる人々が多く、現在も同じである。

躓きは遂にやってきた。議論の結果、食べるパンのことしか考えられなかった人々は、「人の子の肉を食べ、その血を飲まなければ、あなたたちの内にいのちはない」とのイエスの言葉は、到底理解の及ぶところではなかった。弟子たちさえも、「これはとんでもない話だ。とても聞いていられない」とつぶやいたのである。議論はイエスと群衆だけに留まらなかった。弟子たちも心の中で加わっていたのである。

ヨハネはこのように書いている。「このために、弟子たちの多くが離れ去り、もはやイエスと共に歩まなくなった」（6章）

熱心だったが、自分の生活のことしか考えていなかった多くの者はイエスに背を向けて立ち去った。イエスと行動を共にしなくなったのは群衆だけではない。弟子たちも同じであった。ルカは、盛んなときは70人を超える弟子がいたことを記録している。12弟子を除くと、イエスを取り囲む外環的人々はすべて去ってしまったのである。

人間とはこれほどまでに打算的であり、感覚的であり、卑しく生きている存在なのだろうか。今はだれもかれも去っていなくなってしまった。ヨハネはユダヤ人の多くが去った、と書かなかった。「このために、弟子たちの多くが離れ去り、もはやイエスと共に歩まなくなった」と書き、イエスに背を向けて去ったのは、一般大衆としてのユダヤ人だけではなく、弟子という立場の者たちも同じであったことを記録している。このヨハネの言葉は、イエスに最も近く、弟子であることを自負してイエスを慕っていた人々が去っていった、という現実を鋭く描いているのである。この状況には時代を超えた現実性がある。

イエスの12弟子に対する「あなたがたも離れて行きたいか」との言葉は、むなしく、寂しく響いていた。物質的欲望から離れられない者は、状況によっては、弟子であるという自覚さえも消え、イエスよりパンを求めることになる。イエスの言葉は、人間の弱さを突いていたのである。弟子であることの条件はパンなのであろうか。人間性を抉った言葉である。弟子たちは十分理解できなかった。フランシスコ会訳では、「まさか、あなたたちまで離れるつもりではあるまい」と訳出している。明らかに、イエスは12弟子さえもイエスを捨てる可能性のあることを知っていたのである。

「主よ、わたしたちはだれのところへ行きましょうか。あなたは永遠の命の言葉をもっておられます。あなたこそ神の聖者であると、わたしたちは信じ、また知っています」との、他の弟子たちの代弁ともいうべきペトロの信仰告白によって、かろうじて彼らは留まったのである。12弟子を留めたのはドグマであった。この信仰告白がなければ、弟子たちもイエスから去った他の弟子たちと変わらない破滅的な結果を招く恐れがあったのである。信仰告白は、イエスの世界に留まる唯一の方法であり、かろうじて弟子としての立場を捨てないで済んだのである。残念ながら、イエスの世界はドグマ一辺倒の世界ではない。もう一歩、何かが必要なのである。イエスとの固い結合を保たせるのはイエスへの愛である。ドグマによるイエスとの結合は時と場合によっては、変形することも、切れてしまうこともある。愛は知的な結びつきよりも強い。人間的愛であっても、本当に愛し合っていたら何があっても決して離れない。イエスとの愛の結合のない者、ドグマで支えられている信仰告白だけの集まり、強い信仰を自認しながら内実は利己的な宗教に生きている人々などはキリスト不在の集まりであると批判せざるを得ない。教会に行っても、キリストが見当たらないことに苦しんで、空虚な心で教会を去った人々の多いことに反省する必要があるだろう。

イエスは続いてこのように言われた。「あなたがた12人は、わたしが選んだのではないか。ところが、その中の一人は悪魔だ」この説明は後述する。

ユダは、ペトロと同じ信仰告白をしているようなそぶりをして平然とイエスの前に立っていた。ドグマにはいのちがない。その信仰に生きようとする意思がないにもかかわらず、信仰告白を口で唱えることが可能なのである。

笑い話だが、西部劇などで、撃ち殺した死体に対して十字を切って祈る姿が映画のシーンに出てくる。安らかに天国で眠ってください、と祈っているのかもしれない。撃ち殺した本人の行為は問題にされないのだ。撃ち殺していながら死者の平安を祈る信仰、殺人と祈りとが並列している信仰が、本当に神への信仰なのだろうか、神はそこにいるのか、という疑問が湧き起こってくる。これは西部劇だけの問題ではない。独裁者が自ら戦争を起こしていながら、犠牲者のために祈る行為を教会が支持するという不思議な世界をわれわれは目にしている。このような偽善の中に平然としていられるのは、イエスがキリストであるというドグマは知っていても、イエスのいのち、つまり神の愛の外に存在しているイエスと繋がっていない宗教家たちだからである。

招かれても、選ばれても、それを確かなものにするのは、彼らのイエスへの関わり方による。信仰告白というドグマだけでは、イエスとの深い人格的関係は成り立たない。信仰告白はその人の行為であって、イエスと結合する信仰とは限らないことがある。イエスとの持続的関係を確立するのは「愛」なのである。イエスから愛され、イエスを愛することによってのみ実を結ぶイエスの「生」に生きる。それは必然である。パウロは弟子の一人ではなかったが、誰よりもイエスに生かされ、イエスのために生きるという「生」を歩んだ。すなわち、イエスの愛に対する応答の愛で貫かれた人生であった。

イエスはすでにユダの裏切りを知っていた。選ばれていると自負する者にも裏切りは起こる。むしろ、選ばれていると自負する者こそ裏切る可能性があるのである。悪魔は天使から生まれた、という神話を再認識する必要がある。無関係では、裏切りは成り立たない。「わたしにつながっていなさい。そうすれば、わたしもあなたがたとつながっていよう」というイエスの言葉は、愛の呼びかけである。応答するか否かは、愛の実存的決断にかかっている。

ユダの裏切りは決して高尚なものではなかった。人間には卑しい、つまらない行為をしてしまう弱さと、それが大きな問題化する愚かさが付きまとっている。パンという食べ物をめぐっての騒動は、人間性をよく表しているのである。

イエスの肉を食べ、血を飲むという議論にユダは驚愕した。物質的な日常のパンを、人間の血と肉に置き換えてしまったら、とても理解できる話ではない。血と肉もまた物質なので、感覚的に捉えている者にとって、理解不能なのである。そこで、信仰と愛の必要性が生まれてくるのだが、ユダはそこまで踏み込むことのできない人間であった。

イエスは何ということをしたのか。する必要のない議論をして人々を躓かせたのである。慕ってきた人々を躓かせることは、根本的に間違っている。少なくとも、上に立つ人のすることではない。政治家の問題にとどまらず、宗教家であっても同じことである。人々の支持があってこそメシアになれるのではないか。どのような支配者であっても、群衆を味方につけるものだ。人々を敵に回すとは、未来を失うことになるのだ。

ユダはこのように考えていた。群衆の立場を理解しようとしていたのは結構だが、ユダは批判的になっていた。ユダ自身、イエスを取り巻く民衆の立場に立っていたからである。いや、それどころか、彼は民衆を利用すべき、とさえ考えていた。人々がパンを求めているのなら、それを利用してこそ指導者たるべき者の心得なのではないのか。この考えは、間違ってしまうと、自分のために人を利用する詐欺的行為になる。しかし、ユダはそこまでは考えていなかった。むしろ、政治的であった。指導者としての条件、メシアとしての立場などから考えていたのである。

弟子としてイエスへの愛よりも、しっかりとこの世に両足をつけていたユダは、ここでもイエスの対極に立っていた。メシアたるものはすべからく民衆の側に立ち、民衆を味方につけるべきである、それしか考えられなかったのである。ユダは自分が世俗的人間であるという自覚がなかった。もちろん、この意味での自己批判もなかった。それらは彼から縁遠い世界であった。彼はイエスこそメシアとしての自覚に欠けているとさえ考えていた。人々の支持なくして、どうしてメシアたり得るのか。メシアとしての立場も、将来もあり得ないのではないか。

イエスは世を愛された。しかし、世はイエスの愛を受け入れなかった、とはヨハネの言葉である。この矛盾の狭間でイエスの福音は成り立っている。

このように、ユダとヨハネの民衆理解は根底から違っていた。二人の決定的な違いは、ますます深くなっていったのである。ヨハネは非常に重大な神学を提示している。生活のためのパンから離れて、イエスの血と肉を食べなければいのちがない。つまり、肉体の食物とは違う心の食物、イエスが与えようとしておられるのは、人間としてのあるべき「生」のための糧であり、意味のある人生なのである。人間臭いものではなく、神に裏付けされ、神からの意味を持つ人生なのである。神学的には十字架の贖罪論が考慮されるかもしれない。しかしそれは入り口であり、門なのである。罪の許しとは、愛という次の段階のための前提に過ぎない。イエスとの愛の関係は、イエスを過去の人物としない、現在信じる者の心の内に働くいのちなるキリストの現実化なのである。

十字架の救済を信じる信仰に生きる、とプロテスタントは信仰を強調している。しかし、十字架の意味は、信仰を要請するだけに留まるほど浅薄ではない。パウロも書いているが、彼は明らかにイエスの内在を語っている。イエスの内在とは、神の愛の内在を意味している。イエスを内に住まわせるとは、キリストの愛が心の中に存在していることに他ならない。この愛に生きることによってのみ、キリストのいのちがわれわれのいのちとなり、キリストとの関係は永続的現在性になるのである。

キリストを内に住まわせ、キリストと共に生きる、これがキリストにある者の、あるべき姿である。それ以外は、キリストに群がる人々である。イエスにおいて示された愛に満ち、人生を決定する根本的な選択も、日常の小さな決断も、この愛を土台とする。その意味で自己否定があり、「みこころ」のままに、という大胆にして、信仰的な生き方が可能となるのである。カトリック聖歌に「みもたまも」という歌がある。ある人々にはついていけない暗い歌になるが、神への信仰があると恵みの歌となる。

大いなる信仰を目指しているが、愛に重きを置かない教会があるとすると問題である。愛が欠如しているキリスト教はイエス・キリストの流れの外にあるからである。神の愛が失われていれば、宗教の世界では教理中心になる。イエスは過去の人になり、知的な操作で終始し、キリストを現実化することはできない。

以上述べたことは、すべて、キリストを愛する愛の実存的「生」から導き出された考えである。このことは、パウロやヨハネの書簡の中心思想にもなっている。イエスの愛が内になければ、どんな宗派でもイエスの本質との関係で外郭団体的存在であり、似て非なる存在になる。イエスから「知らない」と言われる十分な可能性がある。神は愛なのである。愛なき集まりは避けるべきであろう。イエス・キリストのいない教会なのであるから。

興味深いことに、ブラザー・ローレンスという人は、修道院の中で最も賤しいサンダル作りが仕事だった。そのような仕事の只中にあっても、神を身近にすることができる、と彼は書いている。賤しい仕事の中にも聖なるイエスはおられる。宗教的祭儀の途中であっても、時には祈りの途中であっても、愛の目でイエスを見上げることが、イエスを現実化するために必要であると彼は言う。イエスは日ごろの雑用の中であっても現存されるのだから、宗教行事の中でのみ神がおられるという枠にはまった考えをしない方がいいという実践的体験論を彼は書いている。

(Brother Laurence of the Resurrection: "*The Practice of The Presence of God.*" Critical Edition ICS)

Ⅶ　宮清め　躓き2

「宮清め」といわれている出来事は、共観福音書すべてが取り上げ、記載している（マタイ21章、マルコ11章、ルカ19章）が、共通資料を持ちながら伝承の相違から内容の一部に食い違いがある。マルコは、最後のエルサレム入りの翌日のこととしている。エリコからの旅でエルサレムは26㎞といわれているが、エリコは海抜マイナス２５８ｍなので、かなりの高低差がある。したがって、30ｍを超える上り下りの長旅であったと思われる。当然、宮清めは、エルサレム入りの翌日であったであろう。マタイは同じ日のように書いている。ルカも同様である。どちらが正しいかの問題には触れないでおく。

ヨハネだけはこの話を最後の週（受難週）から離して、カナの婚礼の後に挿入している。ヨハネ特有の神学なのである。「イエスの言われる神殿とは、ご自分の体のことだったのである」（2章）

復活からペンテコステまでの推移を考えると、礼拝の場所は特定の空間を問わない、普遍化され、いつでもどこでもとなり、信仰の世界へと昇華させている。拝すべきはイエスご自身であると主張して、場所の固定化を退けていると思われる。

エルサレムの市街が見えてきたとき、イエスはエルサレムのために泣いた、とルカは書いている。

「めんどりが雛を羽の下に集めるように、わたしはお前の子らを何度集めようとしたことか。だが、お前たちは応じようとしなかった」（ルカ13章）と、イエスの心情を述べている。イエスの涙は、エルサレムへの深い愛と、この都市の悲惨な最期を思いやってのことである。

エルサレムはローマとの戦いの結果、70年にウェスパシアヌスによって滅ぼされた。ローマ軍によって神殿は破壊され、３日間燃え続けたと伝えられている。一部のユダヤ人は最後まで抵抗し、マサダの砦に立て籠もったが、73年についに陥落して、ユダヤ人は集団で自決した（土台を残し廃墟になっているが、その場所は観光地として現在も残っている。悲惨な最期はヨセフスの『ユダヤ戦記３』ちくま学芸文庫を参照）。

イエスのエルサレム入城では、大勢の群衆が自分の服を脱いで道に敷き、木の枝を切って道に敷いた。群衆は、イエスの前に行く者も後に従う者も、「ダビデの子にホサナ。主の名によって来られる方に、祝福があるように。いと高きところにホサナ」と叫び続けたのである。子供たちまでも棕櫚の葉を振りながら叫んでいたと記されている。マタイは、宮清めだけでなく、神殿の境内で目の見えない人、足の不自由な人など、イエスを求めて来た人を癒されたことも記録している。マタイには癒し主イエスを描く傾向があったかもしれない。イエスを求めて来る者を、「ことごとくお癒しになられた」とはマタイの記述である。

エルサレムでは、イエスをめぐって人々が二分されていた。「いったい、これはどういう人だ」と首をかしげて騒ぐ者たち、つまり、イエスをよく知らない人々と、「この方は、ガリラヤのナザレから出た預言者イエスだ」と不完全な答えをする群衆とに分かれていたのである。イエスを支持する人々は、奇跡の目撃者、うわさを聞いた人々など、内容は様々なので、広い意味でイエスの影響を受けた人たちである。

「ホサナ」とは、アラム語のホサナをギリシャ語に音写したもので、「(おお!)救いたまえ」という意味で、詩編118編にある、「主よ、どうぞわたしたちをお救いください」の中に引用されている。この語は意味が転化されて、挨拶やほめたたえるときに使われるようになった。そこから、「いと高き所に(ホサナ)」、「ダビデの子に(ホサナ)」のように、救いの意味からほめたたえる言葉に変わってきたのである。

エルサレム入城を最も喜んだのは弟子たちだった、とルカは19章に書いている。

「弟子の群れはこぞって、自分の見たあらゆる奇跡のことで喜び、声高らかに神を讃美し始めた」

「主の名によって来られる方、王に、祝福があるように」

この日は、弟子たちにとって最高の喜びの日、みんな欣喜雀躍、有頂天になって歓喜に酔っていた。自分たちの主がエルサレムに凱旋入場される。これ以上の栄光の日があるだろうか。確かに驚くべき奇跡に直面したこと、大勢の群衆に取り囲まれたことなど、誇らしい気持ちになったことが何度かある。しかし、この日は格別だった。王の凱旋なのだ。彼らは喜びのあまりイエスの乗っていたロバが子ロバであることを忘れていた。ロバは馬と違い背が低い。しかも、子供のロバである。イエスの足が地面に着きそうになっている。王の凱旋とは裏腹に、なんとなく奇妙な不自然さが漂っているのに気づかなかったのである。凱旋将軍としての威風堂々としたものは何もない。むしろ、奇妙なアンバランスを見せつけていたのである。受難のイエス。栄光の絶頂にいるようだが、多くの人々から捨てられ、日陰に追いやられているという一面がイエスにあるのだ。間もなく弟子たちは、「十字架につけよ」という怒号を聞くことになる。

ヨハネは、宮清めをカナの婚礼の後の出来事としている。イエスは婚礼で愛を示された後、活動の最初に行ったのは宮清めであった。ヨハネはエルサレムの神殿よりも、神殿としてのイエスの体に重点を置きたかったのであろう。イエスの体、すなわち、十字架によって裂かれたイエスにこそ救いがあり、その救いに生きる新しい世界のあることを示したかったようである。しるしを求めるユダヤ人に、「神殿を壊してみよ、3日で建て直してみせる」とイエスは言われた。明らかに、ご自分の体のことである。真の礼拝の対象は、エルサレムの神殿ではなく、イエスなのだ、とヨハネは主張する。

ヨハネによると、イエスは縄で鞭をつくり、牛や羊や鳩を売っている者たちに襲いかかり、両替人の金をまき散らした。売り買いしている者を皆追い出し、両替人の台、鳩を売る者の腰掛けを倒した。そして、「わたしの家は、祈りの家と呼ばれるべきである。ところが、あなたたちはそれを強盗の巣にしている」と言われた。信仰の視点から見ると立派に見えるが、社会的には乱暴な破壊行為である。彼らは、大祭司からの認可を得て組織的にビジネスをしていたのである。商人の生活だけではない、そこには神殿文化ともいうべきコミュニティーの花が開いていたのである。しかし、イエスの目から見ると、暴利を貪っている者、狡賢く巧みに利に走る者、形式だけの礼拝をしている者、神殿娼婦など、まさに「強盗の巣」に映ったのであろう。

時代、場所に関係なく、人間の行為としての経済活動には、少しでも儲けようとすると不正が絡んでくる。両替人たちが平然と不正行為をしていたように、商人たちは正式の認可を盾に利を貪っていた。一方、神殿に詣でる人々も、貧しい人のためにできるだけ安い犠牲を提供していたビジネスを逆手に、打算的に利用していた。手ごろな安い犠牲で神を礼拝しようとしていたのである。余裕のある者は高価な犠牲を購入して捧げるべきなのだが、安物で間に合わせようとする。安易な自己満足と不遜に満ちた利己的な行為と化していたのである。貧富の差から生じる差別も見え隠れしていたのである。要するに、神を礼拝すべき場で行われていたのは、神的な要素が欠如し、人間臭い汚れた商行為と偽善的形式化した宗教だったのである。神殿はサドカイ派の権力と、ビジネスの場になっていた。神殿とは名ばかりで、神のいない空虚な場所、つまり、神の見当たらない宗教的建造物と化していたのである。神聖さの失われた宮、あるのは世俗的な商売のみ。これでは、神殿娼婦を非難できない。単なる金儲けとそうせざるを得ない悲惨な境遇との違いがあるからである。権力と結びついた宗教では、神殿という場は宗教化された商店街と化していたのである。ローマが侵攻したとき、神の力も助けもなく、一瞬のうちに破壊され、焼かれて灰となってしまった。この状況に多くのユダヤ人は絶望の淵に陥れられたのである。ビジネスと化した神殿には神の力は宿っていなかったのであろう。

利を貪っているというやましい気持ちはあっても、神殿の権利を持つサドカイ派を背景に商売をしていた商人たちは、イエスの行為に憤然としていた。当然、このことはその筋に注進され、神殿の管理者である大祭司の耳に入ったのである。

イエスの行為は、当時のユダヤ社会において、これ以上のものはないというほどの大きなインパクトを与える出来事だった。しかも、悪い意味で……。

ユダヤという宗教的社会、しかも、文化の中心である神殿で暴力をふるったということは、社会全体を敵に回すことになる。人々には、後の聖書学者がつけた宮清めなどという理解はなく、生活を破壊された認識しかなかったのである。したがって、簡単に収まるはずのものではなかった。結果的に、イエス抹殺の策略を早めたことになったのである。

ファリサイ派の人たちは、少々不快な目撃をしても、直ぐに動き出すことはしなかった。知的にユダヤ教を説くグループだったということもあったが、神殿は彼らの権限外であったのである。しかし、神殿を経営管理していたサドカイ派の人たちにとっては許すことができなかった。権威主義的であっただけではない。大祭司はローマの官憲とつながっていたので、宗教的文化とその伝統を破壊する出来事は宗教の世界の中だけで収まるものではなかった。政治的な働き掛けに動いていったのである。それはイエスの死刑を意味していた。死刑執行権が大祭司に代表されるサンヒドリン議会になかったからである。

イエスとユダの乖離の深さは、最期の一週間で決定的になってしまった。イエスの最後の週、特に宮清めなどは、ユダにとって、「違い過ぎる。ついていけない」という実感を深くしたのである。イエスによる宮清めは、神殿側にとってみれば暴力そのものであった。

ユダは、イエスの行為は反社会的行動の極みと解し、「自分の世界ではない」ことを実感したのである。

ユダにとってみれば、イエスは疎外されていたらい病人の友となり、人生のどん底の者に希望を与え、娼婦に生きる希望を与えたことまでは理解できる。しかし、ファリサイ派を偽善者として敵に回し、さらに、ユダヤ人の生活のかなめになっている神殿の商行為を中心とした宗教文化を破壊するような行為などは、とても同意できなかった。ファリサイ人と対立したイエスは、今度はサドカイ人たちとの対立を引き起こしてしまったのである。神殿での暴力は、人間関係の問題にとどまらず政治的問題に発展する十分な可能性をはらんでいるのだ。なぜイエスは不必要に敵を作るのか。メシアとして君臨するためには、社会の底辺層の人よりも、支配し、世を動かしている人の方が大切なのではないか。いざとなったら、らい病人や娼婦のような無力の人間が何の役に立つのか。味方にすべき者は、社会の底辺層の人々ではなく、支配階級なのではないか。イエスは重大な過ちを犯している。ユダの目にはこのように映っていた。ユダは気がつかなかったが、この視点は世俗的である。もともとイエスを理解しようとしていなかったユダは、もっとラジカルなことを考えていたのかもしれない。

最終的に、ユダは自分の身も危ないと感じてしまった。この段階でイエスに申し出て、弟子としての立場を退くべきであったと思われるが、そのような考えを持つ余裕など彼の心にはなかった。彼はまったく違う道を選んだ、というより、ユダはユダの道を歩み続けていたのである。彼の心には、もはやイエスに対する忠誠心も、従順であろうとする気持ちも消え失せていた。否、ユダに関しては初めからこのような気持ちでイエスに仕えていたわけではなかったと思われる。彼がイエスの人格的感化をほとんど受けていないことがその証拠である。

ユダはイエスの前で正直になり、自分の無力と非を告白し、弟子としての立場を退くほどの勇気と、謙虚さを持つべきであった、と書いたが、これはユダの描写ではない。結論でもない。具体的裏切り行為をしなくて済むかもしれないという、人間的救いの可能性を描いた、その場限りの勝手な意見である。しかし、この選択では、ユダは「滅びの子」のままで解決にならないことになる。本質的に、裏切りは彼の中で連続していたからである。

重複してしまうが、ユダを考えると書かざるを得ない。12弟子だけが特別で、弟子をやめることができないという契約はないのである。多くの弟子たちが離れ去っていった。イエスの「まさか、あなたたちまで離れるつもりではあるまい」と言われた疑惑と不安の言葉は、弟子たちへの責めではなく、むしろ、人の心の薄情で変わりやすさに対するイエスの気持ちが秘められていたと思われるのである。しかし、イエスの弟子を見る目は愛に溢れていた。ペトロをはじめ、他の弟子たちはイエスから離れないと誓った。ヨハネは12人だけは特別にイエスから選ばれた者であることを書いているが、選びは特別の資格が付与されたことを意味するのではなかった。イエスの使命を、イエスと共に全うするための働き人としてのボケーションなので、強制でも、契約でもない。愛の召命なのである。この道を全うするか否かは、弟子たちの個人的自覚とイエスへの忠誠心による以外にはない。それこそ信仰そのものであって、信仰を失えば忠誠心は消え失せる。何度も述べているように、永続的にイエスとしっかり結びつける力は、別にある。

多くの弟子が去った後、イエスは、「その中の一人は悪魔だ」と言われた。このあたりの事情を考えてみると、ユダはあくまでも平然と弟子の一人として行動していた。弟子であることを装い、イエスと共に生活していた。会計係という役職を手放すこともなかった。この偽善は救い難い。イエスから「悪魔」と言われた者は彼以外にはいない。ペトロの場合、イエスは彼の考え方を叱責されたが、ユダの場合は違う。ユダの人格的存在そのものを指して「悪魔」と言われたのである。

ユダも他の弟子同様、愛された存在だった。ヨハネたちのようにイエスから直接声を掛けられて弟子になったのではないが、ユダがイエスを慕って、イエスの許を訪ねた時、イエスが彼を受け入れ、弟子の一員に加えられたのは間違いない。選びの行為の中に彼も入れられたのである。しかし、これは資格でも、権力の授与でもない。したがって、他の弟子と全く同じように、ユダもイエスの愛の中に、実存的に留まるべきであった。天使が堕ちてサタンになったように、イエスの弟子であっても堕落して裏切る可能性があると解さないと、ユダは贖罪のために利用されたことになる。問われているのは、いつも、イエスとの関係なのである。資格や権威なのではない。

12弟子よりもはるかに大きな働きをしたのはパウロであった。パウロも弟子たち同様最後は殉教だった。働きは弟子たちよりも優れ、最後は殉教であったとすれば、12弟子だけが特別なのではなく、イエス・キリストとの関係において、その生き様において、本当の弟子であったかどうかが証明されるのである。つまり、キリストの「証人」（使徒言行録1章）としての人生が問われているのである。このことは、後にくじ引きでマッテヤが使徒として選ばれたことでも明らかである。12弟子は固定されていたのではなかった。入れ替わることも可能な人たちであったのである。では弟子の条件とは何か。イエス・キリストへの実存的関係で決まってくる。したがって、いつも問われているのは、信仰と愛なのである。したがって、今の時代でも弟子の出現は可能である。ユダのように裏切る者が出ても不思議ではない。

「証人（マルテュス）」は、法廷での証人として使う言葉であるから、イエスの弟子に使った場合も、法廷での証人と同じ立場を取る人でなければならない。つまり、キリストに関する事実の証人がマルテュスなのである。このことは、間違ってもユダにできることではなかった。なぜなら、彼はイエスと交わらず平行線に生き、絶えざる自己選択の「生」に生きていたからである。イエスは弟子たちを極みまで愛された（ヨハネ13章）。そして、弟子たちの足を洗うことさえされた。これは下男の仕事である。主であり、神の子であるイエスが奴隷的使用人の姿を取り、謙遜の限りを尽くして弟子たちを愛されたのである。イエスご自身、弟子たちに謙遜に生きる模範を残したのである。謙虚に生きるのでなければ、イエスの「生」を生きることはできない。悔い改めも同じである。これもまた、ユダの心になかった世界なのである。

この段階ではまだユダは弟子の中にいた。つまり、ユダはイエスに愛されるだけ愛させておいて、心の中で裏切りの構想を練っていたのである。

イエスと弟子とのあるべき関係が、契約関係ではなく、前述したような関係であるとすれば、人格的結びつきが深く、裏切りの行為もまたそれだけ深刻になる。契約違反とは異なる。法的な条件としての契約関係の破棄は、ここでいう裏切りと同一ではない。ユダの場合、イエスのアガペーの愛を踏みにじったことになるので、神の愛である聖霊に対する許されない罪ということになってしまうのである。

ユダは、イエスから学んだこともあっただろうが、ヨハネのように心底イエスを慕っていたわけではなかった。イエスはユダにとって利用価値のある足掛かりであったが、自分の人生を捧げる師ではなかった。会計係は、うまくいけば何か利用できる仕事であった。この考えは、イエスを愛し、イエスや弟子たちのための献身的な働きに身を投じていた女性たちと全く異なっている。ユダは謙遜と奉仕の喜びで仕事をしていたのでもなかった。このような状態で、自分の未来を築こうとしていたのは、「偽善」でしかない。味方のように振る舞って、内実違う道を歩むことは、自己を偽ることでもある。平然と自己を偽る偽善的歩みは、最終的に裏切りを選択する道になる。なぜなら、一貫して反キリストの道を歩んでいたからである。

Ⅷ　下に向かうイエス　躓き3

イエスに香油を注いだ話は、マタイ26章、マルコ14章、ルカ7章、およびヨハネ12章にある。マタイとマルコの福音書は、場所はベタニアのらい病人シモンの家としている。ヨハネも同じ出来事を書いているが、時間と場所に大きな相違がある。過ぎ越しの祭り1週間前の出来事と時間設定をして、死からよみがえらされたラザロもその席にいたことを書き、世話好きのマルタが相変わらず接待の準備をしていたことを記している。ラザロは、イエスが死からよみがえらせた、イエスの愛していた人物である（ヨハネ11章）。ヨハネは、イエスを慕っていたマルタ、マリア、そしてラザロの睦まじい兄弟姉妹を登場させ、ユダの存在を際立たせているような気がする。人間関係の中にも見い出せる神の愛の世界と、神の愛なき人々との対比が見られるのである。

ルカは他の福音書と違い、場所をガリラヤ宣教中の出来事でファリサイ人シモンの家としている。場所はカペナウムと推定される。ルカによると、イエスの名声を聞いたファリサイ人シモンがイエスを知りたい、また面識を持ちたいと思い、食事の席を設けたことになっている。

このように、福音書によって場所と人物とに違いがある。伝承の問題、福音書著者の神学視点などで議論がある。伝承を考えても、あまりにも相違が多くあるので、同じようなことが2度行われたと思われる。本書の執筆目的は、ユダとイエスとの実存的関わり合いに置いているので、新約聖書神学や解釈学から離れて、可能な限りユダという人物の内面性の探索に集中するため、同じような出来事が2度あったことを前提にして、それぞれの状況におけるユダの受け取り方を書くことにする。

少しだけ横道にそれて、ファリサイ派に言及する。ファリサイ派は、もともとサドカイ派と相対するグループで、当時のユダヤ教において最も有力な指導的立場の人たちであった。ヨセフスはファリサイ派、サドカイ派の他にエッセネ派のあったことを書いている（『ユダヤ古代誌』ちくま学芸文庫　6巻「ユダヤ人の三大宗派」の項）。

ファリサイ派は、人間は運命によって定められているが、自由意志による選択と行動をする存在と考えていた。かなり現代的である。霊魂の不滅と死後の裁きも信じていたのも興味深い。

サドカイ派は、イエス時代にかなり勢力が落ちていたが、神殿を中心とした祭司的伝統を固守した貴族階級であり、富裕層の味方であった。一方、ファリサイ派は民衆を代表し、信仰と生活を指導する学者たちが中心になっていたのである。地盤が異なっていたため、主義もまた異なり、歴史的に対立することが多く、抗争は70年のエルサレム神殿の崩壊まで続いていたようである。両者の根本的違いは、モーセの五書のほか、ファリサイ派が口伝律法も民衆指導に利用していたのに反し、サドカイ派は書き記されたもののみが規範と戒律であるとして、父祖たちの伝承を重んじなかったことにある。神殿崩壊後、サドカイ派は立場を失い、歴史から消え去り、代わってファリサイ派がユダヤ教の指導者となっていった。

イエス時代に戻って、もう少し詳しく述べてみよう。ファリサイという言葉が「分離された者」という意味を有しているように、律法を厳守する生活を自他共に課していた。祭司的律法解釈から分かれたという意味で、この語が使われたとも解釈されている。しかし、律法を厳密に守っていたので、「地の民」と言われていた一般人から分離された者として自らを「敬虔な者たち（ハシディーム）」と自覚していたのである。律法を守らない「地の民（アム・ハアﾞ＝レツ）」と分離し、彼らが徹底した律法生活を守っていたことから、自らも達していない高い霊的レベルを他にも要求する傾向があった。律法はモーセの五書だけでなく、口伝律法も厳守の対象にしていた。しかし、律法厳守に汲々とするあまり、憐れみを失ったり、自らも守れないような掟を他に要求したりするなどで、イエスから「偽善者」呼ばわりされていた。サドカイ人のように、特権階級にならず、民衆と結びついていたことが、せめてもの救いかもしれない。

ファリサイ派の人々と律法学者たちの大半は、なかなか自分の非を認めようとしなかった傾向がある。したがって、バプテスマのヨハネの洗礼を拒む者が多かった。バプテスマのヨハネの活動は、社会の片隅におけるムーブメントと彼らは解していたのである。強い自己義認的自信に満ち溢れていたからである。

この時代的潮流と頑なな心をイエスは次のように語っている。

バプテスマのヨハネがパンも食べず、ぶどう酒も飲まず、禁欲生活をしていると、「あれは悪鬼に憑かれている」と言い、イエスが飲食を自由にすると、「見よ、あれは食いしん坊で、大酒飲みで、徴税人や罪びとの仲間だ」

いつの時代でも、深く考えない人々は、妬みに駆られたり、憎しみを抱いたり、あるいは怒りなどで、自分に合わない者や出来事に対して、時代の潮流にのってレッテルを貼りたがる。溜飲を下げたいのだろう。

ところで、イエスの指摘通り、厳格な律法厳守は偽善を生み出す温床になっていた。イエスが、ファリサイ派の人々や律法学者を、手厳しく「偽善者」と批判した原因は、自らを高く、また清い者とし、他を汚れた罪人扱いする差別的傾向、自己に甘く他に厳しい偽善的行為を指していたのである。

イエスは、幼な子のような素直な心を愛していた。他を非難するが自己批判には甘い傲慢な者を嫌われていたのである。受け入れなければならないものは素直に受け入れるべきであり、自己を棚に上げて、独裁者になって他者の責任やモラルを追及するような生き方には決して同調しなかった。このため、イエスとファリサイ派とをへだてる距離は埋まらなかったのである。

ファリサイ派の人々は決して悪人ではなかった。まじめで、熱心であればあるほど、自分に要求する宗教的・倫理的生き方を他人にも要求してしまう傾向がある。この人間的弱さは、偽善を生み出す温床になっていた。イエスが問題にしたのはこの点である。当然、イエスは彼らを批判した。しかし、招かれればファリサイ人の許にも行かれたということは、宗教家特有の狭さがイエスにはなかったからである。また、イエスの行動規範がドグマでなく、愛であったからである。典型的宗教家は、しばしば、他を不信仰とか世俗主義と断じて自分の殻に閉じ籠もり、異質な人との交わりを拒否する。イエスにはそれがなかった。

イエスの足を涙で濡らし、髪で拭ったという物語を、その場に居合わせたユダはどう受け取っていたのだろうか。ユダにとって好ましい出来事ではなかったようである。

まずルカの物語を考えてみよう。ファリサイ派の有力な人物であるシモンが、イエスを食事に招待した。イエスに対する尊敬心から、一度お会いして話を伺いたいとかねがね思っていたのである。招いた来客を「先生」と言った彼の言葉からも推察できる。シモンはシメオンのギリシャ語音写で、「聞く」という意味である。熱心党のシモン、イスカリオテのユダの父などにもある、ポピュラーな名前であった。

イエスの一行が食事の席に着いていた時、イエスが招待されていることを知ったある女性が、イエスの後ろから足元に寄り、あふれる涙で濡らしたイエスの足を自分の髪の毛で拭い、さらにイエスの足に接吻し、持参した香油を塗ったのである。小瓶に入れて持参してきた香油はかなり高価なものであったと思われる。

香油はオリーブ油に香料を混ぜて作られたものである。高価（マルコ14章）で、香りが高く（ヨハネ12章）、石膏の壺に入れて保存していた。化粧品としての使用のみならず、尊敬する人や高貴な人の体に塗るためにも使用されることがある。埋葬の後、女性たちが準備したのもこの香油（メーラ）と香料（スパイス）である（ルカ23章）。ギリシャ語のアロマはスパイスを総括したような語で、イエスの体に埋葬の習慣（エトス）として塗ったのも、英語ではスパイスと訳されているが、アロマ（複数形）のことである。

彼女のイエスへの愛と尊敬の念は香りとなって部屋中に拡散した。彼女は一言も言葉を発していなかったが、彼女のイエスへの愛は言葉にならなかったのであろう。彼女の行動には、日ごろ社会的にひどい差別を受けていた苦しい状況と、許ししかないイエスの温かい愛とのコントラストが鮮明に表されていた。彼女はこのような行動でしか感謝の念を表現することができなかったのであろう。非常に大胆な行動であった。しかし、精一杯の表現であった。愛に心が打ち震え、感謝にあふれていた。このような人は、人目を気にしない大胆な行動をとる。

批判と軽蔑、忌み嫌って拒否する人はいても、思いやりの手を伸べる者がいないのが現実である。イエスだけが違っていた。彼女がイエスを愛してやまない理由はそこにあった。食卓の作法は現在のわれわれと違い、体を横たえ、足を伸ばしていた。また、このような席に直接関係のない者が入ることも許されていた。突然入り込んできたこの女性を知らない人たちもいたが、同席していたファリサイ派の人たちは知っていた。面と向かって言うわけにもいかず、心の中で、「この人が預言者なら、こんなことをする女が誰であるかわかるはずだ。罪深い女なのだ」とつぶやいていたのである。

確かに彼女はまともな女性ではなかった。身に着けている物も、使った香油もそのことを示している。うわさもある。このような席にいるべき人物でもなかった。ましてイエスの前に出られる女性ではない。ユダヤ人が忌み嫌っていた豚が、神聖な神殿に突然現れたような衝撃であった。多くの聖書注解書は彼女が娼婦であったと解釈している。当時の娼婦たちは大体神殿で稼いでいた。証拠が残されているわけではないが、このような女性を軽蔑していたファリサイ人たちのなかにも、神殿娼婦の所へ出入りしていた者がいた可能性は否定できない。

イエスは直ちに彼らの心にある思いを知り、「シモン、あなたに言いたいことがある」と言われた。「先生、おっしゃって下さい」シモンの応答に、イエスはこのような譬えを語られた。

「ある金貸しから金を借りた人が二人いた。一人は５００デナリ、もう一人は50デナリを借りていた。ところが、二人とも返す金がなかったので、貸し主は二人ともゆるしてやった。この二人のうち、どちらがその人を多く愛するだろうか」

もちろん、シモンの答えは、他のすべての者と同じだった。「多くゆるしてもらった者だと思います」

明白な断言を避けた彼の言葉には、イエスに何か意図があって謎のような譬えを語られたと思い、軽い不安と、言質を取られたくないという身構えがあった。イエスは、「その判断は正しい」とお褒めになったが、続いてシモンに、「この女を見なさい」と言われた。女性に対して顔を背けていたファリサイ人もいたが、シモンは何を汲み取っていいのか戸惑いながら、女性に目を留めた。

イエスは、招待しながら、足を洗う水さえくれなかったシモン、わざわざ招いておきながらイエスに挨拶の接吻をしなかったシモンの不遜な態度を指摘された。シモンはファリサイ人の中でも有力な人物であったと思われる。したがって、身分の高いシモンの日常生活から判断して、使用人のような仕事をした経験がなく、自分を低くすることを知らない、来客への心遣いに気づかなかったという可能性もある。彼は当たり前のふるまいをしただけなのであろう。しかし、見る人によっては、不遜な態度、礼儀を失した応対というように映る。

自己を高くし愛を喪失している者がいる。反対に、軽蔑され、人から捨てられてどん底に生きているにもかかわらず、人のやさしさも、人への思いやりも知っている者もいる。イエスは愛という視点から二者を比較されていたようである。

ファリサイ人のような中流以上の生活をしていると、生活に満足して、人生を見失ってしまうことがしばしばある。娼婦を、必ずしも堕落者という批判的な目で見てはならない。人によっては、それでしか生きられなかったという不幸な境遇の者もいる。奴隷のように売られて悲惨な人生を余儀なくされている者もいる。彼女たちの人生は厳しく、社会的底辺層で生きている者に違いないが、人間社会の縮図なのである。すべてではないにしても、必死に生きている女性もいる。ファリサイ人の世界では見られない人生の苦悩、戦いがあり、身分の確かな人たちには分からない、差別とそこから抜けられない絶望的日々を送っている女性もいるのだ。大多数は、意に反する人生を送っているのが現実であろう。そこには、ファリサイ人たちの世界にはない戦いと苦悩の人生がある。このような人たちを利用こそすれ軽蔑するのは罪深い偽善である。イエスは社会的身分や、置かれている状況などで人を決めつけることをされなかった。

驚くべきことが旧約聖書の中にある。預言者ホセアはとんでもない女性と結婚したのである。しかも、神の命で……。ホセア書の冒頭にそれが出てくる。主はホセアに言われた。

「行け、淫行の女をめとり、淫行による子らを受け入れよ」

淫行の女が神殿娼婦であったか、あるいは夫に不忠実な妻であったか明らかではないが、淫行の結果の子供までも、ホセアは受け入れなければならなかったのである。人間の視点と神の意図との違いが浮き彫りになっているのである。

「彼女の多くの罪がゆるされたのは、彼女が多くの愛を示したことでわかる。少しだけゆるされる者は少ししか愛さない」(フランシスコ会訳)

この訳文を見ると、彼女はどこかで、イエスからすでに許しを受けていたと思われる。その喜びと感謝の気持ちが、この席で溢れ出る愛の行為となったのであろう。でなければ、普通はできない大胆な行動を取ることはできなかったであろう。彼女のイエスへの深い思いと、その表現としての愛が示されたことで、その場でイエスの許しを受けたと取ることもできる。いずれにしても、立場によって解釈に違いが出る。これらはドグマ的議論になるが、イエスは教理や常識を乗り越えた行動をされることがある。前述したように、絶対的に守っていた安息日を破ったのもイエスだったし、神を父とし、崇高な存在から身近な存在へと変えたのもイエスだった。「アブラハムが生まれる前からわたしは存在している」（ヨハネ８章）と理解に苦しむ発言をしたのもイエスである。怒ったユダヤ人は石を投げつけようとしたこともあった。アブラハムは信仰の祖であり、ユダヤ教の世界では絶対的存在であった。ハガルに小さな弁当だけを持たせて荒野に放置するような行為をする人物であるとは誰も考えていない。

ごく単純に、イエスを愛する愛の深さゆえに罪が許されたと非贖罪論的解釈も可能である。フランシスコ会訳聖書では、愛したがゆえに許されたのではなく許されたがゆえに愛した、と許しが愛の原因としている。彼女は、以前、イエスと出会った経験があり、イエスから許しを得ていた。愛と感謝の行為はその結果である、と説明を加えている。この方が合理的であると思われる。

列席者の多くは、罪を許すこの人は何者なのだろう、という思いにとらえられていた。

というのは、個人が罪を許すことは、律法違反として社会的大問題になるからである。

弟子たちもこの女性に対する見方は分かれていた。ヨハネたちは、イエスに対する溢れんばかりの愛に目を留めていた。ユダは違った考えを持っていた。イエスはとんでもない間違いを犯している。ファリサイ人シモンを批判し、卑しむべき女を受け入れ、しかも、愛を誉め、罪の許しなどを勝手に与えている。これでは社会に受け入れられない。本来なら、シモンのような人を味方にし、シモンにバックアップしてもらえれば、もっと多くの人から支持され、社会的にも名声を確かなものにすることができるのだ。なぜ卑しい女の恥ずかしい行為を喜んで受け入れているのか。シモンに嫌な思いをさせないで、むしろこのような女が家に入って来ることに関してのシモンの寛大さを誉めるべきなのではないのか。ユダの心は疑問から不満へと変化していた。

イエスは、人から奪うことも、人を犠牲にすることなどは決してされなかった。しかし、ユダは心の中で人を差別し、犠牲にしていた。彼は心の中で愛を踏みにじり、人を引き下ろし、卑しめることをしていた。これは典型的な反キリストの道である。彼の人に対する見方には、愛の行為を正しく評価せず、愛を世俗的打算的視点から考え、いつも人を自分より下に置く傾向があった。彼が評価するのは人からの誉れであり、社会的名誉であり、富などであった。ユダ自身が世俗的人間であることを自らあかしているようなものである。

彼はいつも上を向いていた。イエスのように下に向かうことを嫌っていた。社会の大勢を味方にし、世にあって名誉ある人生を目指すことが最も人間らしい生き方であると信じていたのである。メシアならメシアとしての条件がある。多くの人から支持されないメシアでは未来がないのだ。世俗的人の考えの根拠はこの世にある。イエスのように孤独になることを避け、この世の見方で物事を対処するのを主眼としていたのである。

時と場所は異なるが、ヨハネ福音書の並行記事を見てみよう。出来事はベタニアで、マルタとマリアで知られているラザロ一家も出席していた（ラザロはエレアザル「神は助けたもう」の短縮形である）。世話好きのマルタはここでも給仕をしていた。ベタニアは、オリーブ山の東側にある今日のエルアザーリーエ村であると言われている。エルサレムに近く、３㎞くらいの距離である。ヨハネは、マリアがナルドの香油１リトラ（約３２６ｇ）を惜しげもなくイエスの足に塗ったことを告げている。彼女は自分の髪の毛でイエスの足を拭いた。香りは家中に広がった、とヨハネは告げている。

マタイもマルコも「女」と書いている。ヨハネだけは、共観福音書とは異なる状況で、彼女はマリアであると名前を記録している。福音書には同じ名前が繰り返し出てくるが、ここのマリアとは誰なのだろうか。伝統的にはマグダラのマリアとされてきた。否定すると、再び、それではこの女は誰なのか、という疑問が出て堂々巡りになってしまい、決定的な伝承が出てこない限り不可解になってしまう。現在は、罪の女、香油を注いだ女、マグダラのマリアをそれぞれ同一としない意見が強い。ここでは、マルタの姉妹マリアであるとの考えが支持されている。しかし、決定的ではない。伝統的にマグダラのマリアとすることもできる。ここでは、マルタの妹マリアとして書くことにする。このマリアは思慮深い女性で、世話好きでよく働くマルタと性格が異なっていた。マリアは静かな生活を好んでいた。ヨハネはそのように書いている。

ナルドの香油は、ヒマラヤの甘松香の根から採取される香料から作った高価な香油で、雅歌4章に次のような一文がある。

「ナルドやサフラン、菖蒲やシナモン
乳香の木、ミルラやアロエ
さまざまな、すばらしい香り草」

その香油が高価なナルドの香油であることを列席者たちはすぐに悟ったが、驚きはしたものの、ユダを除いてだれも言葉を発しなかった。この状況で、ヨハネは、「イエスを裏切ることになるイスカリオテのユダ」と書いて、「なぜ、この香油を300デナリで売って、貧しい人々に施さなかったのか」というユダの言葉を記録している。ユダの発言が決して施しの意味で語られたのではないことを、明白にしたかったのである。では、ユダはなぜこのようなことを言ったのであろうか。ヨハネの批判的な目を避けて、自分の善意を列席者に示し、善人としての自分の評価を人に見せたかったのか。それとも、彼は、会計を誤魔化していたので良心の呵責を避けるという偽善的行為だったのか。３００デナリは何か疑惑を引き起こす数字である。香油を売ってその代金で使い込んだ金を補填しようとしたのか、いろいろなことが考えられる。いずれにしても、ヨハネの冷たい視線を避けて自分をごまかしていたことに変わりはない。しかし、ユダにしてみれば、皆が自分の発言を評価し、賛同できる善意の言葉と受け取ってくれると思っていたふしがある。

「この人のするままにさせておきなさい。わたしの葬りの日のために、それを取っておいたのだから。貧しい人々はいつもあなたがたと一緒にいるが、わたしはいつも一緒にいるわけではない」

「貧しい人々がいつも一緒に」というイエスの言葉から、イエスの一行は捧げられた献金を、貧しい人々に与えていた、と推測し得る十分な可能性がある。イエスは癒しの報酬など、決して求めなかった。それでも与えられた捧げものを貧しい人々に分け与えていたのである。

誰も躓かない思いやりのある言葉なのに、ユダは、このイエスの言葉を素直に受け取れなかった。というのは、ユダは自分の善意が否定されたと感じたからである。イエスはユダを非難していない。しかし、ユダは非難されたと取ってしまった。プライドの高い人ほど、自分の思いが通らないと、逆に自分が否定されたと取ってしまう傾向がある。この敏感さは、自意識の高い人ほど強く感じるものである。イエスは女性を肯定した。だが、自分は否定されたという感情がユダの心に湧き上がってしまっていた可能性が考えられるのである。

ヨハネ福音書は、ユダに対するイエスの否定的な言葉で終わっている。やはりヨハネとユダとはうまくいっていなかった可能性もまた考えられる。

他の並行記事、マルコはどうだろう。話は変わるが、マルコでは、女性の行為は福音が伝えられるところ、世界中どこであっても、記念として語り告げられるというイエスの言葉で終わっている。

女性の行為が誉められている、葬りの備えの意味がある、宣教には彼女の行為もまた語り告げられる、など。ナルドの香油の出来事から生じるこれらの事柄は、どれもユダにとって気持ちのいいものではなかった。

ユダの立場から見ると、弟子以上にイエスはこの女性を高く評価している、一時的な女性の行為と、弟子として従っているわれわれとどっちが大切なのか、という不満さえも生まれてくる。われわれは弟子でありながら、天来の保証も約束もない。イエスは弟子に特別な栄誉を与えなかった。しかし、この女性は福音と共に世界中で語り告げられる。こんな不公平なことがあっていいのだろうか。矛盾はイエスへの不満となっていった。福音と共に世界中に語り伝えられるというのは、愛の問題としてであって、名誉の問題ではないのである。ユダにとってもっとも縁遠い世界は愛であった。

　したがって、ユダには大きな見落としがある。イエスの言葉には、イエスとの不可欠な関わり合い、つまり、イエスとの在り方が言外に含まれているのである。女性の行為はイエスへの愛から出たのである。打算や名誉欲などではない。それをイエスが高く評価したということは、イエスの求めているのは愛の関係である、ということがはっきりしている。弟子であっても、主従関係がすべてではなく、愛の関係が根本にあるのである。これは重大な意味を有している。この関係が忘れられ、確立されていないから、人々はイエスに来て、また、去っていく。パンがあればイエスに付き従う。パンが無くなれば去る。公生涯に入る前のイエスの試練に、信仰と神の問題がある（マタイ4章）。多くの場合、神の助けが見られれば付き従う、助けが見当たらなければ神もまた人の心から消え去る。人間の都合次第の神なのだが、人間の好む神は、自分たちの願いに応えてくれる神なのである。人間のイエスの求めておられたあるべき関係は、すなわち愛。これを知る者は非常に少ない。

　イエスの罪の許しは、ユダヤ教社会における法的権威を持っていない。イエスの神が意識されない人にとっては、律法的裏付けのない行為となってしまう。当然、ユダは罪の許しよりも、ファリサイ人たちの関係を大切にすることの方に重きを置いていたのである。メシアとしての名声を確立するにしても、社会的評価を受けるにしても、ファリサイ派と一人の女性とを天秤にかけてみれば、どちらが大切なのかは明白である。社会でリーダーシップを取っている人々の支持を失い、孤立すれば、将来を失うだけでなく、現在の立場も危うくなる。ユダは期待していたキリストでないイエスをいつも見せつけられていた。これはユダのメシア観とイエスとの間に深いギャップがあることを示している。イエスとの関係で、これほど深い溝を持つ者は他の弟子たちにはいなかった。

イエスは孤独な者、捨てられた者、希望を失った者など、あるべき自分の人生を持っていない者に、イエスにある新しい人生を歩ませようとされていた。イエスの相手は個人であって、社会一般ではない。政治や社会改革に手を染めようとしないイエスには、偽善や高慢に対する高尚な批判はあっても、社会に大きな渦を巻き起こそうという野心などは全く胸中になかった。イエスには、名誉や人々の賞賛など意中になかったのである。もちろん、宗教団体の設立などは論外であった。イエスは父なる神と民とのはざまに立っていた犠牲者なのである。そこに十字架の存在が浮き彫りになってくるが、十字架を考えなくても、社会人としてのイエスは孤立した犠牲者であった。

アガペーで生きていたイエスはいつも下に向かっていた。片隅に潜んでいる哀れな人、イエスが足を止めたのはいつもそのような人ばかりであった。イエスは、どんな人でも新しい人生を歩み出すようにさせていたのである。ユダは視点を変えて、このようなイエスを理解すべきであった。

何度も書いたことだが、ユダはこの世の中で生きる現実主義者であり、世俗的人間である。彼の考えを斟酌すれば、現実社会に具体的に適応できない者は、非現実的理想主義者に他ならない、ということになる。一見、打算的と思われるような彼の行動は、価値判断を現実に根差していることから来ているのである。『黄金伝説』によれば、このことは、彼の生まれ育った環境からの可能性もある。しかし、伝説がどうであれ、これらはユダの世俗性の証明でもあったのである。このユダ感覚を推し進めていくと、下に向かうようなイエスは不必要である、ということになる。

フィリピ２章のキリスト讃歌は、このようなイエスを描いたキリスト論である。自分を「むなしくされた（ケノーシス）」イエスを描写している。初代教会の典礼で使われていた讃美の歌であったとされているが、パウロの加筆があったらしい。いずれにしても、ここで描かれているイエスの姿は、「互いにこのことを心がけなさい」の一文で始めているので、パウロはキリストの模範を基にして、キリストに属するすべての者のあるべき人生を描いているのである。へりくだること、自分を空しくして生きることは、キリストにある「生」の原理である。それなくしては、神の愛と共に生きることはできない。しかし、高みを目指し、自己実現に終始していたユダにとってみれば、魅力のない嫌悪すべき「生」なのであろう。

Ⅸ　許されない罪

マタイ7章によると、「『主よ、主よ』と言う者が皆、天の国に入るわけではない」とイエスは言われた。さらに続けて、「わたしの天の父のみ心を行う者だけが入るのである」とまで言われたのである。神のみ旨を行う者だけに、神の国は開かれているのである、という条件が付加されている。とすれば、贖罪で救済された者に神の国が約束され、固定的に神の国に属する者であるとする考えに満足し、それにとどまっていることはできないだろう。教会のドグマだけでは何かが不足しているのだ。この整合性を考え直さなければならない。神の国に入る条件は、教会員になることではない。救済論というドグマだけではイエスとの生きた日々の関係を考えると不十分、信じている内容と整合性のある生き方をしなければならないのである。神の世界では何も固定化されていないと自覚した方がいい。天使から悪魔が生まれ、裏切りは弟子から生じたことを考えるべきである。固定化されているのは、ドグマや、歴史的信条など、それ自体が固定的になっているものだけである。イエス・キリストとの関係を確立し、神の国にふさわしくありたいなら、別の次元でのあり方を選択すべきである。まず考えてほしいことがある。イエス時代には今日のような教会はなかったのである。教会がなければ教会のドグマも存在しない、ただイエスとのあり方のみが問われているだけである。イエスが求めた信仰は幼な子のように疑わず、信頼しきって自分をイエスにゆだねることであった。信仰が「生の座」においていのちとして働き、イエスとの関係を永続的にさせて、イエスにある人生を歩ませてくれるもの、イエスを現存させてくれるもの、それは聖霊であり、その本質は神の愛なのである。信仰が神秘性の中にとどまっているのではなく、生きて働くいのちとなるのは、信じる者に介入してくる神の愛なのである。この愛に生きて初めて神の国にふさわしくなれるのである。教会のサクラメントは、信徒とイエス。キリストとの関係の象徴化された宗教的表現であると考え、執着するのをやめ、現存（臨在）するキリストを内に持ち、愛に生きることが最も大切なのである。

以上述べたことが失われていれば、ミサや聖餐に与っても意味がない。神の愛と無関係な世俗的人生を引きずったまま教会生活をしていることになる。宗教の形骸化やカルト的宗教性との連続を断ち切りたいなら、先に述べた「生」に生きること以外にない。

ヨハネによると、イエスは「そのなさったしるしを見て、多くの人がイエスの名を信じた。しかし、イエスご自身は彼らを信用されなかった。……イエスは何が人間の心の中に

あるかをよく知っておられたのである」（ヨハネ2章）
「名」は権威を表すので、おそらく人々は神的権威でイエスが癒しを行い、悪霊を追い出したと信じていたのであろう。しかし、イエスは彼らの心の内を知り、彼らを信じなかった。彼らはイエスの権威を持たない、すなわち神の権威に所属する者ではなかったのである。では神に所属していないのであれば、人々は何に所属しているのだろうか。人々を支配している原理は何か。イエスが闘った世俗的意味での世なのである。このことから信仰はその内容を問題にしなければならないのである。しかし、これは重大な意味を持っているのだがほとんど議論されていない。敢えて同じことを書く理由がある。間違っている教会が多すぎるからである。
人間の主体的行為として信仰に生きるということは、言い換えれば、信仰の主体が人間側にあることであり、信仰に人間の努力や決断が伴ってくる。そこでは信仰の対象である神との関わり方が問題になるだけではない。信仰は人間の力と努力によって保たれるという、人間の「わざ」を否定するプロテスタントの精神に反する在り方になり、信仰の世界はすべて人間の決断と努力に依存するということになってくる。しかも、その人間とはイエスが信頼していなかった、パウロの言う「古き人」なのである。
イエスの求められた「幼な子」の信仰には「ゆだねる」、「まかせる」ということはあっても、努力はない。幼な子には努力は不可能なのである。幼な子のように主体を神の側に置いて、神の権威、つまり神の支配のもとにある信仰こそがあるべき姿なのである。繰り返すが、「名」、すなわち「権威」の具体的働きは「支配」である。支配とは現実の「生」において表現されるのである。信仰の保持者が支配しているのか、それとも、信仰の対象である神のもとにあって支配されているのか、明確にしなければならない。イエスが公生涯に先立って受けた誘惑の本質は神への信頼と支配の問題であった。したがって、ただ肯定しているだけでは、「悪霊どももそう信じて、おののいています」(ヤコブ2章)ということになる。パウロが心の内にイエス・キリストを住まわせなさいとか、神の愛に生きなさい、など教えている理由を再考慮しなければならないだろう。

キリストを心に住まわせるとか、愛に根差して、などの表現は神の支配が前提とされている。神の支配とは愛の支配である。短絡的表現だが、神の支配下にいなければ、世の支配のもとにあることになる。

プロテスタントに大きな欠点がある。信仰に熱心な教会ほど致命的欠点を抱えている。それは、信仰さえあればそれで十分という思想に安住していることである。この信仰とは人間の働きとしての信仰なのである。わたしの信仰として神に働きかけているが、神はどう捉えられているのかが曖昧である。また、聖書研究で知的了解することは、それに生きていることにならない。同じように、教会に出席していることが、即イエスの求めておられた人生を歩んでいることになるとは限らないのである。神殿でのやもめの捧げものに関する箇所を想起してみればわかることなのだが、教会生活をないがしろにしてはならないが、もっと重要なことがある、と書かなければならない現実がある。

マタイ7章に、イエスに向かって「主よ、主よ」と言う者が皆、天の国に入るのではない、という厳しいイエスの言葉がある。「主よ」は、信仰告白でもあり、祈りでもある。さらに、「主よ、主よ。わたしたちはみ名によって預言し、み名によって悪霊を追い出し、み名によって奇跡をいろいろ行ったではありませんか」と主張する人々がいることが記されている。しかも「大勢の者」であると書かれている。ここに描かれている人々とは、宣教もし、奇跡も行い、宗教家として完全と思われる働きをしてきた人々である。一般大衆ではない。しかし、イエスは言う。「わたしはきっぱりとこう言おう。あなたたちのことは全然知らない。不法を働く者ども、わたしから離れ去れ」

厳しいイエスの言葉は弟子たちを除外するものではない。イエスを取り囲むすべての人に向かって語られたと解されるが、焦点はイエスの名をかざして働いている宗教家に対して、例外なく語られているのである。イエスとのあるべき関係は、働きや収穫の誇りにあるのではない。これはカインの道である。立派な宗教家が玉座に着くとは限らない、そのような約束もない。高い山が低くされ、低い谷が高くされる、幼な子が神に受け入れられ、高ぶっている者が拒否されるという逆説は、聖書のなかにいくらでもある。神の条件は人の条件と同じではない。人の目に隠されていることが多いのである。名を残すようなことは、なにもできなかった。しかし、イエスを愛して生き、静かに世を去り、目立たない人生を終えていった信仰者は数えきれないほどいる。イエスが目を留められるのはどっちなのであろうか。

聖書にある事実から目を背けてはならないだろう。パウロはどの弟子よりも多く働いた。弟子たちはイエスと共に歩んだが、この人たちを支えていたのは数人の女性たちであった。この人たちは寝食を忘れてイエス・グループを支えていただけではない。十字架という悲惨な最期に直面しても去らなかった人たちである。十字架から離れなかったこの女性たちの人生は、日々殉教というべき、自分を犠牲にした働きをしていたのである。誰が彼女たちの味方になって、彼女たちを守っていたのだろうか。イエスに仕え、イエスを愛し一生を貫いた人たち、その人たちの名前は残されていない。しかし、決して想像上の人々ではない。聖書の記述の陰からも想定できるのである。

有名な者たちだけをたたえるのは、支配者や征服者だけで歴史を語るようなものである。イエスを愛してやまなかったマグダラのマリアが最初に復活のキリストに出会った、という事実を見逃してはならないだろう。

聖霊に逆らう罪に関して、マタイは、「人の子に言い逆らう者は赦される。しかし、聖霊に言い逆らう者は、この世でも後の世でも赦されることがない」と書き、マルコもルカも同じように、「聖霊を冒涜する者は永遠に許されない」というイエスの言葉を記録している。

罪（ハマルティア）は、動詞形「ハマルタノー」が語源である。古典ギリシャ語では「的を外す」とか、「事をしそこなう」などの意味を持つ通俗語であった。セプチュアギンタ（七十人訳聖書）などでヘブル語「ハーター」の訳語となり、的外れの生き方を意味する倫理的・宗教的意味を持つ語になった。新約聖書では、複数形で用いられることが多い。しかし、ヨハネ文書では、いくつかの箇所が単数形である。明らかに、ヨハネ神学的用法である。ヨハネは、罪の本質は、神の子であり神の啓示者であるイエス拒否にある、という明白な思想を持っていた。それは同時に、神の拒否であり、アガペーを無視することにもなるのである。したがって、罪は数えられるような具体的行為を指すよりも、存在の在り方、状態を指しているのである。イエス・キリストにおいては、いつもdoingではなく、beingが問われている。これは、イエスと対峙する群衆を見ていたヨハネの体験論的神学でもある。

パウロも、神との関係ですべての人が罪人である（ローマ書1章）という思想を成立させていた。そして、十字架を境に救いは罪の世と反対の極、つまり、十字架という死刑に内在していた見えない神のみわざにある、イエスの世界にのみ存在していると主張している。

新約聖書の思想から明らかなのは、すべての罪は許される。しかし、とどめられ、許されない罪のあることもまた、聖書はイエスの言葉として記しているのである。どんな罪でも許される、というのは、教会の宣伝用語であろう。

無知のため、相手への理解もなく、自分の行為が何であるかもわきまえず、人間の弱さゆえに酷い行為をしてしまうことがある。イエスは十字架上で、「父よ、彼らをお赦しください。自分が何をしているのか知らないのです」と祈られた。直接にはローマ兵のことであろうが、多くの注解者は拡大解釈している。イエスの処刑にかかわった、つまり、十字架に関係したすべての者への赦しの祈りと解しているのである。さらにこの論理を推し進める考えもある。なぜそのようなことが言えるのか。イエスの許しは、イエスを十字架につけるのを「よし」とした人々にまで及んでいるからである。直接十字架に釘を打ったローマ兵たちは、自分たちの行為に十分な理解があったとは考えられない。このような無知な人々も、イエスの許しという愛の対象になっているとすれば、キリスト教とは狭いカルト的世界に留まっているような宗教ではない、という拡大解釈が可能になる。

愛を考えてほしい。無視したり、拒否したりすることは、人間関係においてしばしばみられることである。無理解や心の頑なさとだけでは済まされない一面がある。それが神との関係になると、事は簡単ではない。イエスが語った許されない罪とは、聖霊に対する罪であるとイエスは言う。聖霊とは神の霊であるから、その本質はアガペーであることは明らかなのである。イエス自身も酷い仕打ちを経験された。イエスは、自分に投げ掛けられたすべての汚しごとは赦される、と言われた。しかし、聖霊は別なのである。

十字架の贖罪は完全である。完全であるにもかかわらず、許されない罪があるということの根拠は何か、を明白にする必要がある。どのような受け止め方をすべきなのだろうか。

非常に興味深いことがある。悪魔は最初から悪魔として存在していたのではない。天使は天使として完全であった。天使が完全であったということは、天使の立場の絶対的保証にはならない。ある天使が神の如くなろうとして悪魔になったという聖書の神話は一考に値する。完全とは物理的固定的な状態を指しているのではない。天使が悪魔になり得るということは、洗礼を受けたクリスチャンであっても世俗の世界に戻ることができるということを意味しているのである。

デマスの例を考えてほしい。パウロから去ったことが問題なのではなく、この「世を愛して」去ったことに問題がある。イエスが断食のあと、悪魔の誘惑を受けたが、もしこの誘惑に負けたら、神の子であっても、救い主になれなかった可能性がある。ユダはユダだから裏切ったのではない。彼はある生き方を貫いていたため、ユダになってしまったのである。ユダは終始一貫、あるものを拒否し続けていた結果、許されない罪を犯してしまったのである。

「ブラスフェーモス」は、「誹謗する」などの意味で動詞として用いられているが、この状態を聖霊に向けたときに生じる罪が問題なのである。それが、意識されているかどうかよりも、意図的であることに問題があるように思える。フランシスコ会訳の聖書から引用してみよう。

「人の犯すどんな罪も冒涜もゆるされる。しかし、聖霊に対する冒涜はゆるされない。また、人の子をあしざまに言う者はゆるされる。しかし、聖霊をあしざまに言う者は、この世でも後の世でもゆるされない」（マタイ12章、マルコ3章）

「ゆるされる」という語（アフェシスの動詞形）は、解放とか、釈放などの意味で使われることのある語である。ここでは、それに明白な否定語がついている。したがって、非常にはっきりとこの世においても後の世においても許されない、罪からの解放はないということを宣言しているのである。もはや救いがないことであり、永遠に罪を背負い、罪の中に死んでいく存在となることであって、「ゆるされない」というのは非常に厳しい否定になる。

十字架の救済は声高らかに伝えられるが、このような厳しいイエスの言葉は無視される傾向がある。救いと同じように、滅びの意味、その内容、そして何が滅びなのかを真剣に考える必要がある気がする。

「そしる、侮る、汚す」などの意味を持っている「ブラスフェーモス」という言葉は、新約聖書では宗教的意味で用いられていることが多い。したがって、喧嘩などで相手をののしることと内容が違う。また、新約聖書では56の用例中34例が動詞なので、積極的に相手にかかわる行動に多く使われているのである。したがって、固定化した存在が意識されているよりも、実存的「生」の在り方が問われている場合が多いのである。

一般的用法として、異邦人が神の名を汚したり、天使たちを愚弄したりした時にも使われているが、本来の意味で使われていることが圧倒的に多い。神、イエス・キリスト、聖霊に対して冒涜的行為、特に、愛のゆえに、神に代わって慰め主として、共にいますようにと遣わされている聖霊（パラクレートス）に対しての行為が問題にされているのである。あなどって拒否する行為は、まさに聖霊を汚す行為であって、最も忌むべき罪となってしまう。このような行為は、いったいどこで行われているのだろうか。神もキリストも聖霊もない世俗的世界でないことは明らかである。神も、その愛も知って、キリストの働きに参じている働き人が問題なのである。聖霊を汚すとはこのような人々にしかできないからである。何も知らず、無意識のうちに行われる過ちは、許しの中に入れられる。許されないというのは、知っていて、神の愛を踏みにじる行為を指している。聖霊を知っている者は誰か。似たような問題がある。最も神に近い天使が悪魔になったのである。神は、愛であっても悪魔を許していないことを考慮すべきであろう。

聖書が描いている世界は信仰の世界である。世の基準や支配と別な世界が想定されているのである。パウロが「国籍は天にある」と書いたのはそのことを指している。ヘブライ人への手紙11章に、「信仰とは望んでいる事柄を確信し、見えない事実を確認することです」と書いてあるように、信仰の目で見ている世界は全く違った次元の世界を描き出しているのである。

その最たる例はアブラハムであろう。「アブラハムはそこに祭壇を築き、薪を並べ、息子イサクを縛って祭壇の薪の上に載せた。そしてアブラハムは、手を伸ばして刃物を取り、息子を屠ろうとした」（創世記22章）この情景はとても正気の沙汰ではない。アブラハムの行動は信仰によるものであるとヘブライ人への手紙は主張する。神は救いを、あるいは助けを必ずもたらして下さるという信仰がなければできない行為なのである。このような信仰を生み出すのは、自己の努力や力ではない。もしアブラハムが神の助けを前提にしてイサクを捧げたとすれば、信仰ではない。茶番劇である。

信仰の世界の中で聖霊も理解されている。したがって、聖霊に対するかかわり方に軽率な行動はゆるされない。その理由は、聖霊が神の霊である、という一点にある。許されないのは、個人的に犯した罪なのではない、神の愛である聖霊を汚すことにあるのである。なぜなら、許しと贖いは神にあるのだが、聖霊を汚すということは、それらを拒否することにつながっているからである。ヨハネは福音書の中で、助け主、慰め主として聖霊を遣わすとイエスは弟子たちに語られたと書いている。神の霊である聖霊は、神の愛として、神に仕えている者の心の内に働く霊として認識されているのである。

意図的であろうと、無意識であろうと、聖霊を知っていながら聖霊に逆らうことのできる者は、神に仕えている人々である。聖霊に対する働き人の在り方如何で神との関係が決まってくることになるので、固定されたものではない。神の霊である聖霊の本質は愛、したがって、神の愛にどうかかわっているか、それがすべてなのである。

風がどこから来て、どこに行くのか分からないように、聖霊も、熱心に求めている時ではなく、突然、臨むことがある。多くの聖人といわれる人たちの聖霊体験を調べてみると、聖霊は全く個人的に、静かに臨んでいることが多い。聖霊の集団的、感情的体験は考え直す必要があるだろう。

日常の非宗教的時間に、神からの啓示を受けたという話はいくらでもある。創世記5章にアダムの系図が書いてある。だれだれは、何歳で子供をもうけ、何歳で死んだ、という記録である。どの人もみな最後は「そして、死んだ」で終わっている。むなしい人生の羅列である。

興味深いことに、ただ一人エノク（従う者という意味）だけは「死んだ」でなく、「神と共に歩み、神が取られたのでいなくなった」で終わっている。エノクが何か奇跡的なことをしたという記録も、偉大な業績を残した記録もない。エノクはアブラハムではないのだ。日常生活で、神と共に歩んだので、他の人々と違って、最後は「神に取られた」のであるという。結婚して子孫をもうけたなどは同じだが、最後が違っていた。地上の生活が「死」で終わるのと、「神に取られた」のとでは雲泥の差がある。エノクには終わりとしての「死」がなかったのである。永遠に続く何かが想定される「生」である。信仰の世界とはこのようなものなのである。

聖霊を受けた者は、イエス・キリストの愛の霊をもっている。アガペーのない聖霊は非常に疑わしい。愛に生きることがなければ、聖霊の器などとは、決して言えないからである。神秘主義者と批判されても、聖霊の存在は否定できない。愛のない教会があるとすれば、それはイエスと無関係のキリスト教である。

許されないと言われた罪が、残念なことにユダに当てはまってしまう。銀貨30枚でイエスを売ったことでイエスを奴隷レベルに引き下ろしたこと、接吻という挨拶、または親愛の情を表す行為で、イエスを引き渡す合図に使ったという偽善的行いをしたことなど、いずれも罪深い行為である。

しかし、もっとひどいことがある。イエスがどんなに愛しても、どんなにへりくだっても、ユダはイエスの愛を理解することも、受容することも、感化されることもなく、無視し続けてきたことである。イエスの愛はユダという存在の壁で退けられ打ち消されているのである。イエスの愛と無関係に、徹底してユダはユダとして人生を歩んでいたのである。これほど愛を無視した自己選択はないであろう。平然と自分のやりたい方に進んでいったのである。イエスは彼に何度か警告を与えてきた。にもかかわらず、ユダはイエスを無視して、自己の道を常に選択していたとすれば、まさに聖霊に逆らう罪を歩んでいたことになる。

イエスのユダに対する「悪魔である」とか「生まれない方がよかった」などの言葉には、他の弟子同様、彼の足を洗ったこと、パンを葡萄酒に浸して与えたことなどの行為を伴ってユダの反省を待っていた言葉なのである。裁きだけでなく、愛が含まれているのである。

「アノミアン」とは律法なき者のことであり、神の掟を持たない者に対する言葉である。神の掟という自己を律する掟を持たなければ、神の内在化はあり得ない。内にも外にも掟なき者は、自己自身が掟になる。人生を自分中心に展開し、自己存在を土台として歩んでいくことになる。自己を律する掟が宗教的に高尚なものであっても、人としての歩みは、イエスの神がないという意味で、また、イエスの愛がないという意味で掟なき者である。

では、イエスの言う神の掟とはなにか。イエスの主張した掟とはこれである。重複するかもしれないが、全文を書き出しておこう。

「心を尽くし、精神を尽くし、思いを尽くして、あなたの神である主を愛しなさい」（マタイ22章）マタイはマルコとルカにある「力を尽くして」を削除してまとめている。「第2もこれと同じように重要である。隣人を自分のように愛しなさい」いわゆる黄金律と言われている掟も同じである。「人にしてもらいたいと思うことを、人にもしなさい」（ルカ6章）

ヨハネ福音書では、イエスはユダが出て行った後、11弟子に、「あなたがたに新しい掟をあたえる。互いに愛し合いなさい。わたしがあなたがたを愛したように、あなたがたも互いに愛し合いなさい」（13章）と言われ、さらに、イエスを愛しているならイエスの言葉を守るべきである、など、繰り返しイエスが愛を語ったことを記録している（13－15

章）。イエスの世界では、この愛の関係がすべてなのである。この愛がなければ、イエスの世界では、律法なき者になってしまう。したがって、アガペーの愛なきキリスト教はすべてイエスと生命的に繫がっていないという主張は、極言でなくなる。形式的にキリスト教であっても、キリストのいない宗教である。教会は建物ではない、神の愛の現実化の場でなければならない。この視点からその在り方を考えた方がいい。神にも人にも向かわない自己満足の中に沈潜する存在になっているなら、イエスの愛と一つになれるはずがない。教会の在り方は、アガペーという神の愛で裏付けられるべきなのである。個人でも、組織でも、同じである。聖霊として内にいます神に生かされ、それに生きる関係がすべてなのである。これは、キリストを心に住まわせる、などとパウロが書いている理由でもある。

神の愛であるアガペーに生きることのない教会生活は、イエスを拒否することになる。イエスが「許されない罪」と言われたのは、このことと密接に関係している。イエスと繫がっているキリスト教が、根源において、イエスと無関係であるという状況は、イエスの愛が無視されている現実から生じているのである。「信じている」という宗教的状態よりも、「生きている」という歩みの実存的形態の方にウエイトをおくべきであろう。愛は後者において現実となるからである。内面の本質的状態を見る神の見方は世の評価と同じではない。イエスの世界ではすべて愛が問われているのである。

X 「愛には愛を」

これは、リジューのテレーズの言葉である。テレーズは生涯を愛で貫いた女性であった。彼女は、「イエスからいただいた愛でイエスを愛し続ける」人生を送っていた。イエスの愛で生きるには「幼な子」でなければならない、と彼女は主張している。単純な教えだが、絶対に見逃してはならないイエスとのあるべき関係が語られている。テレーズに関しては、拙著『信仰か愛か』を参照してほしい。

ユダのような人生では、イエスはあくまでも他者となり、物理的距離がどんなに近くても、内面的、人格的にイエスとの関係は無限に疎外されていく。それどころか、無関係の空間もまた拡大していく。

イエスの内住は聖霊が心の中にいますことと同じ意味である。アガペー、イエス・キリストの愛、神の愛、何と表現しても、みな同一の愛を意味している。愛の根源は神である。すでに述べたことであるが、ヨハネは手紙の中でこのように語っている。

「愛することのない者は、神を知りません。神は愛だからです」(第一の手紙4章)

イエスとの関係で、「わたしがあなたがたを愛したように、あなたがたも互いに愛し合いなさい」(ヨハネ13章)

「わたしを愛する人は、わたしの父に愛される」(同14章)

などと書いている思想はヨハネの神学である、として片付けてしまうのは、理性的であるがイエスの弟子として生きていない。このような思想の人は、イエスを愛することを、何にもまして学ぶべきであろう。愛さなければ愛はわからないからである。

周知のことだが、エロスのほかに、友情などに使われるフィリア、親子などの愛を表すストルゲーなど、ギリシャ語には愛を表す言葉が四つある。新約聖書に「愛」と書かれているのはアガペーである。神の愛をいかに重要視しているかがうかがえると思う。

「キリストの愛がわたしたちを駆り立てているからです。わたしたちはこう考えます。すなわち、一人の方がすべての人のために死んでくださった以上、すべての人も死んだことになります。その一人の方はすべての人のために死んでくださった。その目的は、生きている人たちがもはや自分自身のために生きるのではなく、自分たちのために死んで復活してくださった方のために生きることなのです」(Ⅱコリント5章)

これが決定的なパウロの言葉である。

パウロの「死」は異次元的理解で考えられていると思うかもしれない。しかし、思いついた思想ではない。彼の心に迫ってくるイエスの愛が、彼の「死」の理解に神学的方向づけをしているのである。もちろん、「死」は肉体を意味しているのではない。

「駆り立てる」という語は「圧迫する」、「取り囲む」などの意味でルカが多く使用しているが、「取り巻く」の意味だけでなく、「見張る」などの意味にも用いられる。フランシスコ会訳聖書では「虜《とりこ》にしている」と訳している。パウロは自由人である。しかし、イエスの愛から逃れられないという意味で虜《とりこ》なのである。このことは、彼がイエスの愛、つまり非常に強い神の愛に捉えられた人生を送っていたことを示している。

パウロは自分のことだけでなく、聖霊として神の愛がすべてのキリストにある者に臨んでいるので、それに生きてほしい、という願いを持っていた。聖霊を書くと、神秘主義者というレッテルを貼られるのはまだまし。知識のない愚かな者たち、感情的宗教のテーマなどと嘲笑される傾向がある。批判する側も、批判される一部の教会も、すべて間違っている。確かに、ある教派では感情的に聖霊を求める傾向がある。しかし、これは参考にならない。彼らは聖霊を追求する集団で、聖霊を受けた確証を持たない人々である。日々のパンを求めてイエスを追い回した人々とあまり変わらない、自己中心的傾向がある。

信仰によってキリストを心に住まわせるとエフェソ書にあるイエス・キリストの内住とは、前記のコリントの引用箇所と全く同じ思想である。聖霊は神の愛として、信じる者の心に住まわれているので、パウロはキリストの愛に生きるように聖霊によって駆り立てられていたのである。

　このことは非常に大切なので、繰り返し書いておこうと思う。

ヨハネは聖霊を「助け主」、「援助者」、「弁護者」として遣わされた神の霊であると書いている。聖霊とは我々の側に立ってくれる神の霊であって、人間と断絶した近づきがたい崇高な神の霊を意味していない。復活のキリストは、ユダヤ人を恐れ、鍵をかけて閉じこもっていた弟子たちに向かって、「聖霊を受けなさい」と言われた。聖霊は、まさに信じる者のために神がお遣わしになったイエスに代わる存在なのである。それゆえに、聖霊を無視し、どこかの熱狂的教会の教理であると軽視し、まじめに取り組まない人は、イエスの目の前にいながらイエスとの心の交わりを持たなかったユダと、どこが違うのか疑問である。一方、自己中心的神追求は神を自己の信仰のために利用している傾向がある。救い難いカルト宗教の特徴である。

　パウロが現実に十字架を目撃したかどうかは定かではない。おそらく見ていなかったであろう。しかし、彼にとって十字架は、社会的・歴史的出来事から抜け出して、信仰の世界において把握されるべきものとして存在していた。十字架は彼の心の深みに入り、神の愛そのものとなり、彼はイエスにおいて現実化されたアガペーの愛に生きることになったのである。「わたしにつながっていなさい」とイエスも言われた。信仰だけでつながるのではない。愛がイエスとわれわれとを人格的に深く結びつけるいのちとなっているのである。信仰がいつも生きて働き、永続性を保っているのは、愛が何時も内面から支えていることによるのである。信仰と愛は分けることができない。

信仰はあるがイエス・キリストの愛がないなどは、信仰とは名ばかりで、何も持っていない亜流キリスト者である。その道はキリストと乖離しているのである。本当にイエス・キリストに仕えているなら、神はその人の心に愛を注いでくださらないはずがないのである。この愛は、神の愛なのであって、世俗性が混入している人間的愛ではない。

イエスにある人生の方向性は愛に生きることで決定される。それを除いてはキリストに在る者の生き方でなくなってしまう。宗教的・感情的自己満足に浸ることではない。パウロのように、十字架を媒体としてアガペーに生きるという神との関係があるべき実体なのである。これを失えば、「おまえたちをまったく知らない」といわれた不法をなす者に属してしまう可能性が生じてくる。イエスが拒否しているのは、立場や働きなどではない。愛なき空虚な宗教的「わざ」や愛なき「生」である。したがって、愛のない集まりは避けなければならない。カルト化している宗派の最も多いのはキリスト教なのである。キリスト教という名称は社会的信用の保証となっているかもしれないが、それ自体神の保証にはならない。

イエスは「私に従ってきなさい」と言われた。「従う（アコロウテオ）」ということは、文字通り後について行くことであり、「仲間」という意味でも使われることがある。どこに行くかは「主」が決めることであり、従う者が決定することではない。従う者が「主」に指図するなら、それは従っていることではない。従うべき者が「主」になっていることであり、絶対的権威が従者に移ってしまうことになる。「主」と「従者」が転倒してしまえば、「従者」が主になって、「主」を排除する傲慢ということになる。

繰り返し同じことを述べた理由がある。俗な言葉ではっきり書くが、愛を欠如している教会が非常に多いからである。神の愛なしに行われるどのような宗教的活動も、世の評価如何にかかわらず、イエスに受け入れられる意味はない。神の愛がなければ、掟なき働きであり、人のわざであって神の働きにならない。父なる神のみ旨が行われていなければ、神に属していないのである。愛の伴わない働きは空しく、働きに神的意味は見い出されない。世の評価イコールイエスの評価とならないのであるから、自ら大いなる働きをしたと自負している者は、神と無関係の働きをして自己礼賛に陥っているだけという可能性がある。この視点から、現在の宗教状況を見つめなければならないだろう。

殉教もまたこの愛の関係にある。怒りや正義感だけの死は殉教にならない。殉教とは、イエスを愛する愛の延長上にあるということを見逃してはならない。殉教者は、イエスの愛に燃え、神の国を目指していた。死に直面していながら、それを乗り越える愛の力がみなぎっていたのである。したがって、殉教にはイエスの死に与っているという喜びがあった。イエスと共にある死を喜んだ殉教者は何人もいる。最初の殉教者ステファノも、「主イエスよ、わたしの霊をお受けください」、「主よ、この罪を彼らに負わせないでください」、とイエスの十字架の言葉と類似した言葉で眠りに就いたのである。キリストの愛が彼の内になければこのような言葉は出てこない。これらの言葉は、イエスをキリストと信じる信仰だけの言葉ではない、内に働く愛なのである。

姦淫を犯した女性が現行犯で捕らえられた話がヨハネ福音書8章にある。訴える者らには、イエスをやり込めようとの下心や、イエスに対する怒りや憎しみがあったとしても、愛はない。人間的愛であっても、愛はこのような現場に踏み込んで弱い者を捕らえるという、卑しいことはしない。律法を盾に、イエスをやり込めようとしたユダヤ人たちは、律法問題でイエスとやり合っていたが、「罪を犯したことのない者が……」とイエスに言われて、一人また一人と去って行ったのである。心に疚しさを感じたからである。誰もいなくなってイエスとその女性だけが残された。その時の雰囲気を考えてみよう。人々に律法違反と断じられた哀れな女性とイエスの二人だけが残されていた。訴えは消え、律法的裁きもなくなり、ただイエスと姦淫の女性、二人だけが残されたのである。神の前に姦淫を犯した者が立っている、という状況をどう解釈すべきなのであろうか。そこでは、事実はあるが断罪は消えているという不思議な世界が展開されている。本来なら、罪のためにイエスの前にいられるはずのない女性なのである。ところが、現実は罪を裁きの対象として取り上げないで、赦しを与えているイエスの温かい世界が展開されていたのである。訴える者のいない静けさと、イエスとふたりだけの名状しがたい愛の深み、この状況は聖霊が臨んだ時の個人的体験とよく似ている。

イエスの許しを受けた彼女は、深い感激と、生涯忘れられない愛の体験を抱きながらイエスのもとを離れて行ったことに間違いない。イエスの世界が、律法の世界ではなく愛の世界なので罪を犯した女性がイエスの前に立つことができたのである。このイエスの愛は世にあるいかなるものをもってしても代えることができない。イエスによって与えられる神の愛を差し置いて、宗教的活動で世俗的報いや、神からの評価を求める者がいるとすれば、論外であろう。「罪を指摘して救いに導く」などと主張している教会がある。指摘されなくても神は人の罪を知っておられるのである。脅かして教会に所属させようとする宣教はイエスのそれではない。完全にイエスの世界から離れている。次元が違うとはこのことであろうか。

神を関係の中で働く霊的な存在として考えるとわかりやすい。神は存在論で捉えることができない。実存的に考えるべきである。その理由は、関係の中に神の愛は在し、働くからである。関係の中で愛を見い出すことができれば、神を見い出したことにもなる。神は愛として関係の中に現存しておられるからである。この点において、関係概念を無視して、存在論的に神を捉えようとする固定化した観念は、神の存在の証明の真似事に陥ってしまい、神は死せる神となる。存在論的に捉えようとしないで、関係の中に働く愛として認識しなければならない。関係には二つの方向性がある。神との関係と隣人との関係である。体験論（的）神学はここからはじまるのであろう。

イエスは「新しい掟をあなたたちに与える」そう言われてから、「互いに愛し合いなさい」と言われた。イエスは、「わたしがあなたがたを愛したように、互いに愛し合うなら、それによって、人々がイエスの弟子であると認めるようになる」と言われたのである。自他ともにそれが認められ、証明されるのは、弟子たちの愛の生き様にある。これが、彼らがどんな粗野な田舎人であっても、イエスの弟子であることの証明になるのである。伝道とは、神の愛の証人としての「生」の他者への影響から始まるのである。キリストからでしか得られない愛を生きることだけが、神の愛を可視化する唯一の手段である。ヨハネの言葉、「わたしを愛する人は、わたしの父に愛される」（ヨハネ14章）はこのような生き方を裏付けているのである。

現在日本ではカルト宗教が大きな社会問題となっている。社会的にカルトと批判されている教派、または教会は、献金の強制と個人生活の拘束が強いので分かりやすい。要するに、信徒を犠牲にして教会が成り立っているのである。細部には問題が山積しているのだが、誰でも知っているような教理に関して、全く同じ主張をしているので、気を付けなければならない。

カルト化した教会は、宣教が信者獲得のための働きとなり、経済と結合している。信徒の増加と豊かな経済力が神の恵みであり、信仰の勝利であると考えているので、カルト的教会はすべて自己発展のための宗教活動をしているのである。聖書も解釈学を無視して各宗派固有の思想のもとで解釈され、組み立てられている。聖書の言葉を前後関係から切り離し、自己の人生と自由に結合させ格言化させて理解しているという傾向さえ見られるのである。

イエスとの愛の関係を考えることは、救済論以上に重要なのだが、なぜかそれが無視されている現実がある。「行ってあなたがたも同じようにしなさい」は、説教として語られているだけで、語る側も聞く側も実行はしない。自ら行わなくても、空気のようにいつでもどこにでも愛はあるものと考えているのかもしれない。したがって、愛に生きようと真剣に考えていない。十字架の贖罪に与かり、救われたと称しているが、イエスの愛は顧みないで、宗教的に生きること、教会の活動に熱心であること、それ自体が神に仕えていることであると解している。信仰を持ち、自分の人生が平安なら、それが神の恵みであると解釈する傾向がある。理解に苦しむことである。したがって、人生に波風が立っていなければ、神は自分を守り、自分はキリストの愛に生きていると思っている者が多い。自分にとって都合のいい聖書の箇所を人生の裏付けにしていると、アガペーが自己の「生」に生かされているかどうかなど問題外になってしまう。自己満足に陥っているからである。

神との関係も、信仰の在り方も、聖書理解も、何もかも自分中心なのである。

このような現実を踏まえると、宗教的感情を満足させるだけのカルト的教会は身近にいくらでもある。裏切り者になるので、やめるにやめられない教会もある。所属教会の中では睦まじいが、他教会の信者や、教会を変えた者に対して冷淡な裁きを下す教会もある。神の愛はこんなに狭くないはずなのだが……。

もっとも怖いことは、牧師が独裁者になっている教会である。独裁者は自己の「非」を認めない。悪いのはすべて「他」ということになる。エゴイストほど独裁者になりやすい可能性がある。なぜ手を取り合って互いに主に在る「生」と愛の喜びを分かち合わないのか、疑問だらけである。

黒柳徹子がユニセフ大使としてアフリカのある村を訪れたとき、日本に帰る前日、最後の日に月並みの質問を子供たちに投げ掛けた。「みんな、大きくなったら何になりたいの？」「先生になりたい」「お医者さんになりたい」答えはだいたい決まっていた。一人の女の子が全く予期しない発言をした。「黒柳徹子になりたい」意表を突かれた黒柳は、「どうして黒柳になりたいの？」と聞き返した。「だって、徹子はあした帰ってしまうでしょう。でも、わたしはここにしかいられないの」

女の子は貧困と飢餓にあえぐ村で生きなければならない自分を考え、一週間で日本に帰ってしまう黒柳がうらやましかったに違いない。寂しそうな姿がテレビに映っていた。未来と自由のない世界、現実は自分の望む現実ではない。戦争が身近なのだ。しかし、黒柳には自由があり、この女の子の国に属していない。このギャップは深く、小さいものではない。助けたい人々、助けなければいけない人々は数えきれないのである。世の中は戦争だらけ。自己満足に陥っている時間的余裕はない。

ギリシャ語は四つの言葉で愛を分類している。アガペーとそれ以外の愛との比較をしてみよう。

エロスの愛にも親切や思いやりなどでアガペーと共通するところが多い。しかし、根源的なところでは両者は相反している。イエスは、十字架を前にして父の「み心のままに」

と祈った。エロスの愛は自己が中心になっているので、自分を放棄することはない。絶対的存在は自分なのである。そこでは、神の意志が生かされることも、見い出されることもない。神は、破壊者、自由を奪う邪魔な存在と解され、拒否されている。なにか大きな間違いをしているような気がする。

「あなたも行って同じようにしなさい」とは、よきサマリア人の譬えの締めくくりの言葉であった。黄金律と言われている教えもまったく同じである。愛はいのちとして流れることによって現実化し、意味を持つ。いのちのない愛は神の愛ではない。ブーバーの著書にあるように、「それ」と「それ」の関係は、愛では成り立たない。「われ」と「汝」の人格関係こそ、愛の一形態なのである。

「いのちの終わりに愛が問われるであろう」との十字架のヨハネの言葉は見逃すことのできない主張である。愛に生きることによって人生は意味を持つ。人生における愛の欠如は、意味も重みもない人生である。

自分の道の選択のみを歩んでいたユダは、形式的立場は弟子であるが、内面は違うという偽善的関係にあった。ユダが目指していたのは、イエスの弟子としての完成ではなく、自己実現とその完成であった。その理由は後述する。

われわれの生かされているこの世では、愛の喪失、無感動などは普遍的である。ユダはイエスの世界では特別な人物であったが、世にある人々の中では、決して特殊な人間ではない。ユダのような人物はいくらでもいる。ユダと正反対の極にいたのがヨハネであった。ヨハネが最後の晩餐の時、イエスの胸に寄り掛かって、「主よ。誰のことですか」とイエスに尋ねたことが聖書に記されている。ペトロの求めに応じたことであっても、この行為は唐突では不可能である。日頃、イエスとヨハネの関係がこのようなものであり、それが形に現れたというべきである。ヨハネはイエスを信じていたというより、愛していたのである。

イエスにおいて啓示された神の愛と世にある自己愛とを比較してみよう。ユダの存在の根底にあって彼を支えていたものは何か、ユダの思考、行動原理は何だったのか、それを自己愛と言っていいのかどうか疑問がある。しかし、あえて世俗の世界に見られ、ユダの内にあったと思われる自己愛を限定的に捉え、聖書にある「世」と「世の霊」の内にある思考形態、その根源にあって行動原理となっているものをエロスの愛として考えてみよう。両者を対照してみると、興味深い状況が浮かんでくる。

なお、ここで取り上げたエロスはプラトンの「饗宴」を念頭に置いているので、一般通念のエロスではない。アリストテレスの「ニコマコス倫理学」でも愛が論じられているが、その愛はフィリアである。アリストテレスは、エロスの愛は品がないとして、好まなかったらしい。彼は、エロスとプシュケーとの間に生まれたヘードネーにあるようなエロスの愛を嫌い、ニコマコス倫理学では、親子、友情などの愛（フィリア）を取り上げている。

1 他者に向かう愛と、自己に向かう愛。
2 犠牲の愛と、自己の欲求実現を目指す愛。
3 許し、癒す愛と、他者を利用する愛。
4 差別のない愛と、価値判断で取捨選択する愛。
5 底辺層に注がれる愛と、自分を高くし、低い者を避ける愛。
6 人生に意味を与える愛と、意味よりも物質的生活の豊かさを目指す愛。
7 世俗を超克する愛と、世俗の流れの中に埋没する愛。
8 神の前に責任を取る愛、自己保存を図り、他に責任を転嫁する愛。

このような比較には無理のあることを承知の上で書いてみた。また、敢えて対照的に並べてみた。愛を線引きするのは行き過ぎであるという不安もある。愛には、人間的愛であっても、純粋なもの、美しいものが少なくない。文学や音楽が生まれてくる理由を考えれば納得がいくであろう。神の愛であっても、人の愛であっても、共通項は決して少なくない。親切や共感など、どの愛にも存在している。したがって、われわれはアナロギアという視点を失ってはならない。理想的過ぎると思われるが、世俗的行動原理との対比と取ってほしい。少しでもイエスの愛が理解されれば、という意図で書いてみたのである。

自己に基盤を置く行動原理としての愛は、アガペーと同時性の共存は不可能である。存在において相反する性質が内在されているからである。自己否定のアガペーと、自己を中心とし、自己実現を目指す愛とには、アナロギアがみられても本質的相違があるので、共存はありえない。

すでに述べたように、キリスト教は、doingではなくbeing、つまり存在の在り方を問題にする。在り方とは神の前にある自己であって、いつも問われているのは、神とわたし、わたしと隣人の関係なのである。ある意味において、個人主義である。しかし、完全な個人主義ではない。問われているのは個人だが、常に関係の中の存在なのである。キリストに在る者は、日々イエスと共に人生を過ごしているので、孤独のようであるが、悪い意味での孤立ではない。混同と誤解がないように、と願っている。

ユダの裏切りには、いわゆる世間で言う裏切りとはかなり違った面があった。イエスにある神の愛に対する裏切りという性格を持っているからである。世には金銭上の裏切りに始まって、恋人、友情、親子関係の裏切りに至るまで様々なタイプの裏切りがある。もちろん、傷つきながらもピュアな愛の裏切りもある。違いは何か。ユダの場合、イエスにある神の愛に対する裏切り、ということに注目しなければならない。イエスが「許されない罪」と言われた事態に当てはまるからである。

この裏切りを世俗的に解釈すると、問題が浅薄になる。イエスに嫌気がさして、銀貨30枚を手にして去って行った、と皮相的解釈に陥るからである。あくまでも宗教的に解すべき問題であり、聖書を深く読む必要がある。ユダの裏切りには、対神関係における愛の問題という図式が欠かせないからである。したがって、師であるイエスを敵に内通して裏切った、という解釈で止めてはならない。たしかに、人間同士の裏切りも深刻である。しかし、ユダの場合は全く違った要素が含まれている。信仰の世界で展開されている神との関係であり、神の愛の問題なのである。

既述したように、イエスが許されざる罪と言われた聖霊に対する裏切りにユダは当てはまっている。彼はイエスの愛を疎んじ、弟子でありながら、イエスを選択することよりいつも自己選択をしていた。ユダによってイエスの愛は無視され、踏みにじられていたのである。

一体、ユダはイエスとまなざしを合わせたことがあるのだろうか。聖書にはまったくそのような記述はない。面白いことに、ユダの福音書にはこのようなことが書いてある。

「ユダはイエスの前に立つことができたが、イエスの目を見ることができず、顔をそむけた」「弟子たちは腹を立て、怒りだし、心の中でイエスをののしり始めた」とか、「イエスが笑った」など、ユダの福音書には感情的な表現がいくつかある。したがって、ユダに関しても露骨な感情的・敵対的表現があってもおかしくない。しかし、ユダに関しては、前記のような記述が見られるだけである。もちろん、史実かどうかは論外である。

もし、イエスと目を合わせていながら、平然とイエスを無視して自己自身であろうとするなら、彼は、根っからの悪人か、それとも人間らしい心を持ち合わせていない無機質タイプなのだろうか。偽善者ならまだ何かを感じる感性が残っている。イエスの愛に反応しない人がいるとすれば、魂の死んでいる人か、自己のことしか分からないエゴイストというべきであろう。ヨハネは、イエスが極みまで弟子たちを愛されたことを記録している。この愛は、ユダに対しても同じであった。間違いなくユダはイエスから愛されていたのである。ユダに完全に欠けていたのは、テレーズの「愛には愛を」という心である。

XI　暗闇《くらやみ》に消えた弟子

最後の晩餐は決して楽しいものではなかった。暗い影が忍び寄っている、そのような雰囲気に包まれていたのである。名状しがたい緊迫と、何かにおびえているような不安が弟子たちの心を覆っていた。イエスが逮捕されたとき、ペトロが刀を抜いた話がある。彼が刀を用意していたということは、弟子たちがただならぬ雰囲気を感じていたからである。誰もが宮清めの結果、自分たちは狙われているかもしれないという恐怖感に近い不安を感じていた。

イエス・キリストとの関連で最後の晩餐といわれているが、元来この食事は、エジプトからの解放を記念して守られてきた過ぎ越しの食事のことである。したがって、ユダヤ民族誕生の記念祭なのである。

過ぎ越しの祭りについてごく簡単に書いておこう。過ぎ越しの祭り（ペサハ）はニサンの月の14日から始まり1週間続く。過ぎ越しの祭りは、春の一大行事だが毎年日付が変わるのである。ちなみに、２０２３年はユダヤ暦で５７８３年、過ぎ越しの祭りは４月５日から12日であった。今年（２０２４年）は4月23日からの1週間である。

種入れぬパンを使った農耕祭としての祭りに、歴史的意義が加味されて過ぎ越しの祭りが伝統的に守られてきた。歴史というのは、エジプトで神の裁きが下った時、モーセの命に従って、犠牲の羊の血を鴨居と二本の柱に塗ったユダヤ人の家は裁かれることがなかった、という故事（出エジプト12章他）に基づいている。ユダヤ人にとって、エジプトの奴隷状態から解放されたという出来事は、民族の歴史に永遠に残されるべき記録であった。

各家庭では家長が仕切り、ニサンの月の13日の日没から始める。灯火をつけ、家庭にある種の入ったパンなどの発酵食品を捨てることから始め、食事は14日日没からである。祝福の祈りの後、第1の盃の葡萄酒を飲み、手を洗い、祈祷し、果実と葡萄酒を混ぜたクリーム状のものを苦みのある野菜で包んだもの（ハロセス）を、家長の祈りの後食べる。先祖がエジプトで奴隷だった時を忘れないための儀式である。苦菜のハロセスを食べ、子羊の肉を取り上げる。第2の盃を取り上げ、祝福の後に飲み、ハレルの賛美、詩編１１３、１１４を歌って、第一部を終える。家長はパンを取り上げ、裂いて家族に渡し、子羊の肉を食べ、第3の盃から飲む。この後、第4の盃をあげ、ハレル（詩編１１５－１１８）を歌って過ぎ越しの祭りを終えるのである。「一同は賛美の歌を歌ってから、オリーブ山へ出かけた」とマタイが26章に書いているのはこの最後の賛美のことである。

晩餐の話に戻ろう。弟子たちはイエスの言われたように、過ぎ越しの食事の準備をした。準備の話はルカが詳しい。夕方全員が食卓に着いた。現在でもこの場所が残されている。観光化されてしまっているが、それらしき雰囲気はなくもない。

マルコ14章にはこのように書いてある。

杯をとり、感謝の祈りの後、弟子たちにお渡しになり、弟子たちが飲んだ後、イエスは言われた。「これは多くの人のために流されるわたしの血、契約の血である」と、贖罪を意味する発言をされたのである。

民族的な祭りである過ぎ越しの意味がキリスト論的に解釈され、思いは遠いエジプト時代から、現在の時間に引き戻されて、モーセからイエスへと変えられていた。新しい意味が食事に加えられ、贖罪を予期する食事となったのである。マタイは、食事中にイエスは、「はっきり言っておくが、あなたがたのうちの一人がわたしを裏切ろうとしている」と言われたと書いているのである（マタイ26章）。本来の過ぎ越しの食事は民族の誇りがあり、感謝があり、苦しかった時代の回顧であるが、誇らしいものでもあった。マタイによれば、裏切りの予告の後、聖餐の制定といわれている贖罪の話になっている。弟子たちにとって、一体何が起こるのか理解できない状況もあり、不安は消え去らなかった。イエスの言葉（受難）に対して弟子たちは消化不良を起こしていた。マルコでは、ユダも他の弟子同様、贖いの血と象徴化されている葡萄酒を飲んでいる。この行為がユダの罪の許しになるのかどうか、議論の的になることがある。

ヨハネはこの話をスキップして裏切りに集中しているが、おそらく、葡萄酒を飲んでも、ユダの罪の贖いにならないと考えていた可能性がある。というのは、ユダは信仰的に関わっていなかったからである。贖罪が成立するのは、イエスへの信仰が前提である。「わたしの罪の贖いの血」と信仰的に受領しなければ、葡萄酒の贖罪的意味付けは失われてしまう。現在の聖餐やミサも同じである。受け取る側に信仰がなければ、宗教的意味を持たない物質そのものとなる。霊的な世界は信仰的、全人的な関わり方をしなければならないとはヨハネの主張である。

弟子たちの心の不安は深まるばかり、形式は過ぎ越しの祭りだが、中身は違っている。イエスご自身の発言が、エジプトでの故事から離れ、死を匂わせるような言葉の連続になっていたからである。前提となっている核心的ポイントは裏切りになっていた。

イエスは心が張り裂ける思いで、「よくよくあなたがたに言っておく。あなたたちのうちの一人がわたしを裏切ろうとしている」と言われた。この時のイエスの心は、愛の殉教状態だったと思われる。聞いていた弟子たちは、誰のことを言われたのか分からなかった。イエスに直接結びついている者ばかり、不平、不満はなきにしもあらずだが、互いの結束より個人的なイエスとの結合の方が強かったのである。横の関係よりも縦の関係で成り立っていたグループといえるだろう。イエスなしでは成り立たない人々なのである。弟子たちにはいろいろ異なる出自があったが、完全にばらばらだったのではなく、イエスに選ばれ、イエスを尊敬し、慕っていたという点において共通性があったのである。

人間の弱さを知っていた彼らは、心を揺り動かすようなイエスの言葉に、だれも自信を持てなかった。したがって、口々に「わたしのことではないでしょうね」とイエスに申し上げていたのである。弟子たちはばらばらではなかったが、自信を揺さぶられていた。イエスを慕っていたグループだが、みんな自分の弱さを知っているので自信がなかったのである。

マタイによると、ユダはイエスがまだ話している最中、イエスの言葉を遮って、「先生、まさかわたしではないでしょう」と言ったという。みんな真剣に、「わたしのことではないでしょうね」と言い合いながら、イエスから離れないようにと、自分の心を抑えているとき、ユダが介入してきた。他の弟子たちが、自分でないことを願いながらイエスに心を向けていたのを無視し、さらにイエスの言葉を遮り、「まさか、わたしではないでしょうね」と言い出したのである。内心、自分の行為を自覚していたのであろうか。この白々しさはイエスの大嫌いな偽善的行為である。偽善者でなければ自分を棚に上げた発言はしない。自分を掘り下げることのできる者は、イエスの助けと哀れみを求める。自分に自信が持てないからである。この雰囲気の場で何か発言があるなら、「主よ、わたしを憐れんでください」と自分の弱さや罪をさらけ出すのが普通である。しかし、ユダの場合、自分と合わないイエスに躓きを抱いていたこともあり、へりくだって自己の非を認めることなど論外であった。残された道はただ一つ、裏切ることだけであった。

「その人はむしろ生まれなかったほうがよかったであろうに」（フランシスコ会訳）とのイエスの言葉は、呪いではない。ユダを思っての言葉である。イエスの心配通り、この時以降のユダは、ますます自分の道をまっしぐらに進んでいき、最終的に、わずかな金を手に土地を買ったのも束の間、自殺に追い込まれてしまったという、悲惨な結末を迎えることになるのである。

余談だが、われわれは、ミラノのサンタ・マリア・デッレ・グラツィエ修道院にあるレオナルド・ダ・ヴィンチの『最後の晩餐』の絵画からイエス時代を連想してしまうが、食事の状況など聖書から離れてしまう恐れが多分にあることを知っておかなければならない。また、この絵画からイエスと弟子たちとの関係を類推すると、かなり聖書と違った世界に迷い込んでしまう。気を付けなければならない。わたしが訪れたのは、修復以前だったので、かなり色褪せていて、全体が白っぽく、ところどころ抜け落ちている箇所があった。

懐かしい思い出のひとつである。

さて、ペトロは、誰について言っておられるのか尋ねるようにヨハネに合図した。ペトロの求めに応じたヨハネはイエスの胸元に寄り掛かり、イエスを見あげて、「主よ、それはだれのことですか」と尋ねた。イエスは個人名を言わず、「わたしがパン切れを浸して与えるのがその人だ」とお答えになった。そして、パン切れを葡萄酒に浸して、イスカリオテのシモンの子ユダにお与えになったのである。

ユダはイエスの手の届くところ、すぐそばにいたのである。しかし、他の弟子たちと違って、イエスとの心の乖離は計測不可能だった。物理的距離がどんなに近くても、通う愛がなければ距離は無限に遠くなる。ユダの心はイエスとかみ合っていなかった。相通じる流れもない。イエスの愛に包まれていたにもかかわらず、ここでもユダは「自分の道」を選択していたのである。ユダの道には、イエスとの乖離だけでなく、際立って世俗的特質もまた見ることができる。ユダの価値判断はイエスより世に重きがあったことは明白である。

贖罪の象徴のような行為で、イエスは、ユダの思いにある何かを気づかせようとされたのかもしれない。しかし、この時すでにユダの心は決まっていた。黙ってパンを受け取ると食事の席から立ちあがった。イエスは行為に時間的余裕を持たせていた。最後の瞬間までユダの反省を待っていた可能性がある。しかし、ユダの心にはイエスは全く存在していなかったのである。

ユダは裏切りという行為をそれほど深刻に考えていなかったと思われる十分な理由がある。自分から申し出た裏切りの結果、銀貨30枚を手にしたときも、彼は事の重大さに気づいていなかった。むしろ、このくらいは当然だとさえ思っていたのかもしれない。もちろん、自分が何を行っているのかという事実認識はあった。しかし、裏切りという行為とその結果がどうなるのか、裏切りの意味など、他者が考えているようには考えられなかったのである。要するに、彼は事態の価値判断もまた常人からかけ離れていたのである。したがって、彼には、他の弟子たちやイエスを支持する人々に、どのような影響を与えてしまうのか、などという認識も完全になくなっていた。自己の中に沈潜していて他者をあまり考えないというのが彼の特徴である。「他人はどうでもいい。おれはおれだ」という気持ちが無意識に彼を支配していたらしい。これは世俗的であるということ以上の問題が潜んでいるといわざるを得ない。

晩餐の席の状況を、ヨハネはこのように書いている。「それから、パン切れを浸して取り、イスカリオテのシモンの子ユダにお与えになった。ユダがパン切れを受け取ると、サタンが彼の中に入った。（略）ユダはパン切れを受け取ると、すぐ出て行った。夜であっ

た」（13章）

ヨハネは、ユダという名前の弟子は他にも存在するので、裏切り者がだれであるかを明白にしたかったのだろうか。「イスカリオテのシモンの子ユダ」と書いている。ユダに対する怒りを含めていたのかもしれない。

フランシスコ会訳では、イエスはわざわざそのパンをご自分の手に取り、手ずからユダにお与えになったのである。明らかに、イエスは最後までユダに何かを気付かせようとされていた。「ユダはそのパンを食べるとすぐに出て行った。夜であった」と記されてあり、ユダは葡萄酒に浸されたパンを食べたことになっている。

パンは小さくちぎって葡萄酒に浸したのであって、葡萄酒を、ジャムを塗るようにパンにつけたのではない。「浸す」（バプトー）という語は「洗礼」にも、布などを「染色」するときに使われる語で、イエスは文字通り葡萄酒にパンをどっぷり浸したのである。

パンは英語の聖書ではモーゼルと訳している。モーゼルとは一口分の食べ物を指す言葉である。原語の「フォミオン」も同じで、小さな一口分の食品のことである。したがって、「フォミオン」が種入れぬ硬いパンであっても、イエスがそれを一口大にちぎって葡萄酒に浸したのであるから、真っ赤な葡萄酒はパンに十分しみ込んでいたはずである。

「受け取る」、「ラボーン」は完了形。もとの形の「ランバノー」は、「得る、受ける、奪う、略奪する」など、多岐にわたって使われる言葉で、敬虔、感謝などの宗教的意味も道徳的意味も入ってこない。普通の人間的行為を指している。

ユダは、イエスを理解することもなく、感傷的な感情もなく、黙ってパンを受け取ると、口に入れ、外へ出て行った。ユダが考えていたのは、これから祭司長たちの所へ行くこと、どんな交渉をすべきか、ということだけであって、弟子としてのあるべき自覚など爪の垢ほどもなかった。最も困っていたのは、手にした小さなパン切れであった。指の間から葡萄酒が血のように滴り落ちてくる。道端に捨ててもよかったのだが、後になって誰かに、「ユダが捨てたパンだ」と言われては困る。フランシスコ会訳聖書では、ユダはそれを食べたことになっている。捨てても、食べても、ユダにとって何の意味もないパン切れとなっていた。いずれにしても、葡萄酒でべとべとする手を洗わなければならない。彼はどこかで手を洗ったらしい。乱暴な表現と取られるかもしれないが、敢えて書く。ヨハネは、ユダがパンを受け取った時、サタンがユダに入ったと書いているので、ヨハネの視点に立てば、パンを手にしたユダは人間的な感覚をまったく持ち合わせていなくなっていたのである。悪魔がユダを支配していたとすれば、イエスから受け取ったパン切れは、何の意味も持たないただの食べ物に過ぎない。むしろ、べとべとしたパンなど邪魔で早く処分したかったであろう。したがって、彼はその場で口に入れてしまったらしい。これで贖罪が成立するとは考えられない。

イエス、パン、ユダ、この三つの関係は、ただの物質関係となり、互いに何のつながりも意味もないという、人間の世界とは思えない状況をユダは作り上げていた。イエスのいない彼の心には、何の感慨もなかった。平然とこの場を後にして、外の闇に消えていったのである。

ユダはパンを受け取ると、「しようとしていることを、今すぐしなさい」とのイエスの言葉を背後に聞き流し、晩餐の席を後にした。ユダの心に聞こえていたのは、音声としてのイエスの言葉だけで、心に響くものは何もなかった。ユダの後ろ姿を見つめ、胸が張り裂けんばかりに苦悩しているイエスの愛は全く彼の心に届いていなかったのである。なんとなく後ろめたい気持ちは彼にもあった。それは、ただ3年間、一緒に過ごしてきた仲間を後にしてゆく寂しさ、もう二度と会わないかもしれないという虚しさからくる小さな感傷であったに違いない。

ユダはいつもイエスに在って自分のしようとしていることをしてきた。表面的にキリストに繋がっていながら、自分に生きる、それが「ユダの道」なのである。ユダは実際に王宮で暮らしたことがあったか否かは別として、彼は富と権力の魔力を知っていた。ガリラヤ出の他の弟子たちと違う。それゆえに、この世の魅力を捨てることなど、とてもできないと思っていた。自己実現を目指すなら、世と断絶してはならない。世から離れればすべてを失う、という考えで富と権力を求める方向に進んでいた。この生き方はまさにイエスに反することになるのである。しかし、ユダは、パウロのように古き自己を捨てる信仰も、決断の勇気も持てなかった。深く傾注するほどイエスを信じてもいなかった。自分のことしか考えなかったユダには、常識的な思考はすべて無に帰されていたのである。

十字架を目撃していなかったが、どの弟子よりもはるかに多くイエスのために労苦を忍んできたパウロと、十字架の道をひたすら避けてきたユダ、この両者の違いは、イエスの世界では天と地ほどの違いになる。正義は沈黙し、反イエスで溢れているようなゴルゴダの十字架のもとに行かなかったのは、他の弟子たちも同じである。だが、権力の下で意に反して散らされた他の弟子たちと、銀貨30枚を手に、イエスの世界を後にし、自分の道を進んでいったユダとの違いは、本質的相違で比べることさえできない。

十字架はこの世におけるイエスの結論であった。弟子たちは、あまりにも悲惨なイエスの最期に胸を打ち、嘆き苦しみ、イエスの道を吟味、模索した。しかし、ユダは、時間差はあるが、イエスの判決を聞いた時、これですべてが終わったと思っていた。ただ一つ心残りは、死刑と自分の行為との結びつきであった。

晩餐の席を立った時、弟子たちは、ユダが金入れを預かっているので、買い物か、でなければ施しだろうと思っていた。誰も事の深刻さに気付いていなかったのである。外の暗闇に静かに消えていったユダ。彼を迎えたのは、光のない漆黒という虚無だけであった。「夜であった」とのヨハネの言葉は象徴的である。闇に消えたのは彼の体だけではなかった。ユダは意識していなかったが、彼が歩を進める度に、彼の人生そのものが闇を選択していたように、夜の深い闇は深まっていった。ユダは、心の盲人だったのだろうか。彼の人生をどう探っても、光が見当たらないのである。

ユダヤでは日没から次の日が始まる。この意味で、席を後にしたユダは明日に向かっていたのかもしれない。可能性はある。すべての重荷を下ろした感覚だったかもしれない。推測だが、もうイエスとは関係がなくなる。自由だ。外は闇でも、新しい人生が開かれているとでも思っていたかもしれないのだ。しかし、彼の心から何か重苦しい暗雲が消えることはなかった。それを払い除けるように、敢えて闇の中で足を速めていた。意を決したようでもあるし、また、何かを拒否して払い除けているようにも見えていた。

さて、過ぎ越しの食事が終わると、イエスは弟子たちと一緒にはオリーブ山を目指し、ゲッセマネに到着した。オリーブ山は、橄欖山ともいわれている。ゼカリヤ14章に、「エルサレム東にあるオリーブ山」とあるように、エルサレムからケデロンの谷を越した北東側にある。標高８００ｍくらいの山が三つ、４㎞くらい続いて小さな山脈になっている。

スコパスと呼ばれている山が最も高く、標高８１４ｍ。筑波山で最も高い女体山よりは少し低い。現在はアラブ人が住んでいる。名前にあるようなオリーブの木は茂っていない。エルサレムからは近く、１㎞くらいである。オリーブ山だけでなく、エルサレム周辺はオリーブに関連する地名が多いことでも知られている。

「油絞り」という意味のゲッセマネは、ケデロンの谷を少し上り、オリーブ山の西側のふもと周辺である。正確な位置は不明。いくつか教会が建っている。教会らしくない名前の「万国民の教会」が有名である。１９２５年に、「苦悶の教会」（Basilica of Agony）を12カ国からの献金で新しくしたのでこの名前がついたのである。教会の周辺の園に、数本の古いオリーブの大木がある。森と言えるほどのものではない。イエスが祈りを捧げたという岩も残っている。何もかも観光化されているので、真偽の保証はできない。

マルコとマタイは、「イエスの祈りの場所」と書き、ルカも、「いつもの場所」と書いていることとからわかるように、イエスはこの場所を祈りのためによく利用していたと思われる。弟子として行動を共にしていたユダもこの場所を知っていた（ヨハネ18章）。

イエスはゲッセマネで弟子たちから少し離れた場所を選んだ。ペトロとゼベダイの子二人（ヤコブとヨハネ）だけを伴って、イエスはさらに奥へ進まれたのである。緊迫した重苦しい雰囲気の連続だったので、疲れていた弟子たちは居眠りをしてしまった。マルコによると、ペトロも眠っていた。ヨハネだけがイエスの傍に侍っていたようである。イエスの体から、「汗は血のしずくのようになって地にしたたり落ちた」とルカは書いている。死の恐怖ではなく、罪の犠牲としての贖罪の重圧だったのだろう。イエスの偉大な点は、それがどんなことであっても、自分の願いではなく、「みこころのままに」と神にゆだねていたことであった。抹消的なことなら可能かもしれないが、イエスのここでの決断は、いのちがかかっていることと、聖書によると、すべての人の罪の贖いという犠牲の重圧がかかっていたのである。人々のために、贖いの子羊となって自分を捨てることは、人間のできることではない。

イエスが血の汗を流しながら祈っている間、三人の高弟以外の弟子たちは少し離れたところにいた。ペトロたちは疲労と緊張で眠ってしまった。聖書には書いてないが、離れていた他の弟子たちも、おそらく眠ってしまっていたと思われる。この時間帯、ユダも同じ場所にいるべきであったが、彼は全く違う方向に足を向けていた。

イエスに最も激しく怒ったのは大祭司カイアファであった。彼は衣を引き裂いて、「死に値する」と叫び出した。神殿での乱暴狼藉はビジネスの破壊だけではない。ユダヤ人の心を支配している宗教の蹂躙である。カイアファは顔に泥を塗られた気持ちどころか、神殿を中心に築き上げられた宗教文化も、自分の社会的地位も揺るがす行為に、怒りにうち震えていたのである。絶対にイエスを許すことはできない。彼は、民の長老たちと共に、いかにしてイエスを殺そうかと謀議をこらし始めた。議題はただ一つ、イエスを葬り去ることと、死刑執行権を持つローマの権力を利用する方法であった。民衆から支持されているイエスの捕らえ方を間違えて、問題を大きくすることだけは避けたかったのである。というのは、逆に非と責任が自分に向けられるからである。

少しだけ時間を戻そう。一同が食事を終え、ゲッセマネで祈っている間、ユダは祭司長たちの集まりを目指して馳せ参じていた。神殿には大きな議会場のほかに、常時使用する小集会所があった。彼らはそこに集まっていたと思われる。

チャンスが突然やってきた。何かいい手段はないものか、と話し合っている所へ、弟子の一人ユダがやって来たのである。

「あの男をあなたたちに引き渡せば、いくらくれますか」と、ユダが申し出た（マタイ26章）のである。彼らは、小躍りせんばかりに喜んだ（ルカ22章）。イエスの弟子が、積極的にイエス逮捕の協力を申し出てきたのである。金を求めたということも、彼らの思うツボだったのである。金で解決できるということは、問題を矮小化してくれる。さらに、金を払っておけば、責任逃れの口実にもなる。大騒ぎにならない内に処理できるかもしれない。

奴隷一人の値段である銀貨30枚がユダに提示された。この時、ユダはこの金額に満足したのか、この程度で仕方がないとあきらめたのか、それは分からない。聖書はイエスが奴隷の値段で売られたのは、預言の成就であると告げている。

「引き渡す」と訳されている「パラディドーミ」は「裏切る」と同じ動詞である。ユダの裏切りは、「イエスを引き渡す」という行為において具体化されることになる。

銀貨30枚を払う約束を得たユダは、この時から人々のいないときにイエスを引き渡そうと、良い機会をねらうようになっていたのである（マタイ26章）。ユダは、仕えてきたイエスを奴隷と同じ値で売り飛ばすことに全く違和感を持たなかった。ユダは価値が分からなくなっていたのであろう。イエスより銀貨30枚の方が魅力的に見えていたのであろうか。イエスはもはやユダにとって何の価値もない存在になっていたのである。

なぜ、ユダは「幾らくれるか」、と引き渡す条件に金を求めたのか、憶測の域を出ないが、考えられることが二つある。ユダは会計係として金をごまかしていたこともある人物なのだから、金に執着する卑しい人間という見方。もう一つは、イエスのグループから離れていくためには、将来のためにも、身近な問題として差し当たって金が必要なのだ、という推測である。まさか、もうこうなったら何でもいい、というふざけた気持ちで、「行き掛けの駄賃」を受け取ろうとしたのではないだろう。ユダはかなり卑しい人柄であった可能性が考えられる。聖書の中で述べられているユダと金銭との関係は、財布をごまかしていたということと、この銀貨30枚だけである。内容から判断しても、このような行いをする者の品性が高いとは言えない。

残念なことに、ユダには幼な子のような素直な心が全く消え去っていた。というより、もともとなかったと言うべきであろう。イエスより自分の心に決めたことしか考えていなかった。イエスグループに対する魅力は彼の内からすっかり消え去っていたのである。これからどう生きていくべきか、自分のことだけが彼の心の片隅で頭をもたげていたのであろう。こんな者がなぜ弟子になったのか、なぜイエスは彼を選ばれたのか、という疑問はそれほど難しい問題ではない。イエスとの関係は、何度も繰り返して述べてきたように、実存的愛の関係なのである。十字架上の犯罪人がイエスに受け入れられ、弟子がイエスを裏切る。このような逆説的状況は、イエスにおいては「愛」でないと考えられない。弟子であっても、イエスに愛を向けない限り、イエスを愛さない限り、イエスの実を結ぶことはできない。イエスを取り巻くだけの人々、十字架のイエスのために涙する人々、十字架から離れずにいた人々、埋葬後もイエスを慕って墓を訪れた女性、など幾つかのタイプがある。すべてイエスとの関係に意味があることを聖書は告げている。

パウロはテモテ第2の手紙の最後に、こんなことを書いている。「デマスは、この世を愛し、わたしを置き去りにしてテサロニケに行ってしまった」デマスはパウロの同労者で、パウロの手紙にしばしばその名が記されているので、アジアの教会では知られていた人物であった。

テサロニケ（テッサロニキはラテン語）は中央マケドニアの都市で、コルティアティス山のふもとに展開しているアテネに次ぐ都市である。現在は人口30万余り、周辺の都市を含めると100万を超える。パウロ時代の人口でも12万人を超えていた。テサロニケに関しては、度重なる戦禍のため、ビザンチン以前の史料が残っていない。いずれにしても、街並みがローマの野外劇場にある階段席のような美観を呈していたという話が残っているように、魅力的な都市であった。都市の文化と経済に魅せられたか、それとも、人間関係なのか。デマスはパウロから離れていってしまった。パウロの伝道生活から離れることに問題があったのではない。デマスは「この世を愛して」去った。これが問題なのである。この世を愛するとはこの世のスピリットと運命共同体になることを意味するからである。

ユダも同じ共通項を持っていた。この世はイエスの世界では、愛してはならない世界なのである。生活の基盤が世にあることと、世を愛することは同じではない。ここで言う「世」とは、歴史や文化などのことではない。パウロが「この世の霊」と書いているように、利己的ともいうべき世にある世俗性、人の心を支配している「霊」的な何かのことである。それは、時代や場所を超越して人々の心に流れている潮流でもある。底に流れているのはエゴイズムであったり、打算であったりする世俗的気質である。同じ愛といっても神の愛とまったく異なる愛が支配しているような世なのである。世の霊は神に対して破壊的に働いている。神の愛と一致できるはずのない霊が支配している世界である。したがって、そこに生活の土台があっても、そこは人生の最終目的でも、人生を共にする愛すべき世界でもない。それがイエスの教えである。生活はこの世にあっても、あるべき人生は別なのである。このような人生の把握ができないと、手段と目的の混同があり、世にあるつまらない生き方になる。

ユダに戻ろう。裏切りの結果、彼が自分の選択の間違いに気づいたのは、イエスの死刑宣告を伝え聞いた時であった。彼は選択の間違いを気づいて悔いた、というよりも、行き過ぎた行為に不安を覚えたのである。イエスの死刑はどう考えても理不尽である。罪状がなにもないのだ。神殿で商人を追い出したことでは死刑にならない。「ユダヤ人の王」と称したとしたのは、政治犯にしないと死刑の合理性が見当たらないからである。

ユダはイエスの死刑判決を知って、自分の行為を後悔したのである。銀貨30枚が得したような気分をユダに与えることは一度もなかった。むしろ、重荷になっていた。神殿の入り口近くにあった議会の小集会所で祭司長たちは集まりをしていた。神殿に引き返すと、ユダは大祭司や長老たちに向かって、「わたしは罪のない人の血を売って、罪を犯しました」と言って、不快な記憶のまとわりついている銀貨30枚を返そうとした。ユダでさえも、銀貨30枚がもったいないと思っていなかった。

しかし、「われわれの知ったことではない。おまえの問題だ」と、あっさり拒否されてしまった。持っていた銀貨30枚の処理に困ったユダは、祭司のみが入れる至聖所を取り囲んでいるフェンス越しにそれを投げ込んで立ち去った。持っていたくなかったのと、自分の行ったおぞましい行為の記憶を抹消したかったのであろう。反省の気持ちのなかった彼は、自分の汚点を消し、非を背負いたくなかったので銀貨を捨てたのかもしれない。マタイによると、そのあとすぐに首を括ったことになっている（マタイ27章）。使徒言行録でもユダの自殺の日時ははっきりしていない。

ユダは、イエスの求める罪の悔い改めをしたわけではなかった。彼の悔いは、イエスではなく自分に向けただけの悔いであり、しなければよかった、という自分の汚点の消去的悔いである。深い罪意識から出た悔い改めではない。

彼の自己認識を探るため、残された最後の言葉を考えてみよう。ユダの最期に関する記録はマタイだけである。

27章に、「わたしは罪のない人の血を売り渡し、罪を犯しました」と言った。彼の言葉は、事実の説明である。心の変化を含んでいる悔いではなく、ただの事実描写に過ぎないユダの反省については、後述する。投げ捨てられた銀貨を拾い上げた祭司長たちは、「これは血の代金だから、神殿の収入にするわけにはいかない」と言って、その金で土地を買い、外国人の墓地にしたのである。

「ユダは不正を働いて得た報酬で土地を買ったのですが、その地面に真っ逆さまに落ちて、体が真ん中から裂け、はらわたがみな出てしまいました。このことはエルサレムに住むすべての人に知れ渡り、その土地は彼らの言葉で『アケルダマ』、つまり、『血の土地』と呼ばれるようになりました」(使徒言行録1章)

ペトロの言葉では、土地の買い取りは祭司長たちでなくユダということになっている。誰がその土地を買ったのかは不明だが、直接購入した人物が誰であれ、祭司たちが金を受け取ることを拒否しているので、イエスを売った金は、捨ててもユダに属している。イエスを売った銀貨30枚が土地の代金であったので、結局、土地を購入したのはユダということになる。イエスを裏切ったことも、その代金も、土地の購入も、責任の所在はユダにあるということになる。悪は単独で終わらず、アケルダマの代金になった。ユダの裏切りには悪いことが連鎖してまとわりついている。

ペトロによると、ユダは会計係という立場を悪用して、かなりの金を持っていたことになる。とすると、ユダの横領は少額ではなかったらしい。ヨハネも指摘していたが、ユダの盗みは弟子たちの中で知れ渡っていたと思われる。弟子たちは、ユダという人物はかなり打算的で欲深い人間であったと見ていたらしい。ヨハネのユダ批判ははっきりしていた。このことは、ユダ理解の手掛かりにもなっている。

大祭司たちは、死刑執行権を持っているピラトのもとにイエスを連行しピラトに引き渡した。死刑執行の権限はサンヒドリン議会になかったからである。騒動の大きさからピラトはイエスを政治犯として早く処理したかったのであろう。騒ぎが大きくなればなるほど自分の地位に影響してくるからである。政治犯として早く片付ければ騒ぎは収束する。したがって、彼は、イエスは「王」なのかどうなのか、という政治的な尋問をしたのである。政治犯は極刑とつながるので、カイアファを満足させ、自分の立場も危なくならないので、処理しやすかったという面もある。この段階で、死刑が確定されたようなものであった。

ユダを少しでも良く理解しようとする試みがあるが、聖書の中では、その理解に至るようなユダ描写は見当たらない。ユダは他の弟子たちから弟子として大成するような人物ではないと思われていた可能性さえある。その理由は、イエスの弟子の条件は、世にある成功の条件と全く違っていた。十字架を負うという視点から互いを見ていたからであろう。ユダには「十字架を背負う」というイエスの言葉への理解も、この言葉に生きようとする気持ちもなかったのである。イエスに従おうとしていた弟子たちの中で、一人だけ違った行動をしていれば、当然、他の弟子たちの目に留まる。イエスが互いに愛し合いなさい、と教えているので、疑惑を持ちつつも、互いに批判しなかっただけである。

金銭に卑しい打算的な人間は、世俗的な人物であって、イエスにふさわしくない。ユダに同情的見方をすれば、財布のごまかしは、弟子でなくなる将来を考えての行為であったかもしれない。これは憶測である。目的が何であれ、彼の行為は盗み以外の何物でもない。

いずれにしても、ユダの心には、もはや先生としてのイエスであっても存在していなかった。先生と世にいう弟子との関係は淡いものである。知識のやり取りだけの関係で、自己の実存と先生とは無関係になる。もともと彼はヨハネのように心底イエスに傾注していなかった。尊敬もし、教えに心を打たれたこともあった。その意味で、イエスを信じていた。奇跡を見てイエスを担ぎ上げようと思っていたこともある。この程度の信仰なら、奇跡を目撃した人、パンを食した者などいくらでもいる。しかし、みんなイエスから去っていったのである。もともと、イエスの者でなかったのであろう。

ユダは少し違う。去ったのでなく、積極的に裏切ったのである。イエスが愛しても、愛しても、イエスの愛がとどかなかった唯一の弟子であったのである。問題を引き起こすような弟子は他にもいた。しかし、どの弟子も最後はイエスの愛に動かされ、殉教者として身を捧げていくほどイエスに傾注したのである。イエスと弟子との関係は愛の関係、決して弟子だからといって特権階級に属したわけではない。愛の関係を深めていかないと、弟子としての完成の見込みはない。これは絶対的条件である。愛の関係がなければ、イエスを取り巻く人々であって弟子ではない。

イエスが福音として提供している神の国においては、闇は光の喪失ではなく、光としての神の愛のないことが究極的な闇なのである。したがって、昼間が闇という逆説も可能である。この闇は、心で捉えなければならないものであり、信仰の世界でのみ認識される闇なのであって、物理的な光と闇の問題ではない。

XII 「門は広く、その道も広々として」

マタイ7章にある新共同訳聖書の言葉である。「滅びに通じる門は広く」の「広く」は、町の大通りを指す言葉で、「広場」とも訳される語である。イタリアやフランスなどの古い町を歩いていると必ず広場に出ることがある。広場は人の集まる場所、談笑の楽しみと友好を深める空間、そして、次の街並みが始まる場所でもある。町の通りに人がいなくても、広場に出ると人の姿がある。誰でも気安く過ごせる憩いの場所なのである。隔ての狭い門はない。歴史的な古い町では、懐が無一物でも、時間を忘れて過ごせるみんなの好きな場所、だから、時間を超越している老人たちと出会える、それが広場なのである。日本の公園と少し違う。人々の交流で広場文化ともいうべきものが出来上がっているのである。このように、広場には人間関係の繋がりがある。交わりの中に人生を謳歌する自由もある。広場は、人間の創り上げた都会の一部に違いないが、独自の雰囲気の漂う場所である。

ところが、広場の文化に象徴されている人間社会を聖書から見ると、必ずしも肯定的でないことに驚かされるであろう。都会を考えてみよう。創世記にある都会発祥の話である。

まず、アダムとイブと神との対話である。アダムが罪に陥った時、神の追及に対して興味深い答えをしている。アダムは与えられたエバ（「いのち」という意味のこの呼び名は後でつけられた）を、「ついに、これこそ　わたしの骨の骨　わたしの肉の肉」と礼賛していながら、神に罪を追及されたとき、「女が」と言い、女は「蛇だ」と言う。蛇は持っていきどころがないので、神の裁きを受けるが、内心、こんな人間を創った神が悪いとでも思っていたのかもしれない。誰も罪を認めないし、責任を取らない。「非と責任」は他にある、悪いのは「他」だと思っている。神の前で自己保身をはかっても、意味がないにもかかわらず、ひたすら自分を守ろうとする。これが罪の結果であるなら、創世記はそう書いているが、自己の責任を回避し、責任を他に押し付けようとする性質は罪から来ていることになる。巧みな保身術を使い、自分自身の本当の姿を隠してしまうのはその延長なのであろう。

創世記は4章に入ると、人間の「さが」はさらに悪い方に発展する状況が描かれている。しかも、神懸っているのである。アダムとエバの間にカインとアベルという二人の子が生まれた。兄のカインは土を耕す者となり、弟のアベルは羊を飼う者となった。この話はよく使われるので、誰でも知っているだろう。しかし、あまり注目されないところを指摘したい。時が経ち、カインは地の産物を捧げ物として神のみ前に持ってきた。アベルは肥えた子羊を持ってきた。アベルの捧げ物は、労作の結果ではなく、愛のこもった群れの初子という捧げ物であった。神はアベルとその捧げ物に目を留められたが、カインとその捧げ物には目を留められなかった。カインは激しく怒って顔を伏せたのである。カインの怒りは、神が自分の捧げ物に目を留めなかったということにある。アベルの捧げ物はキリストの十字架の予兆なので、神が顧みられた、というのは少し行き過ぎた解釈であろう。カインの捧げ物は地の産物なので時期がある。それまで彼は労作を続けていたので、時間と労力がかかっている。人間の働きを認めない神、祝福は当然なのに、期待に反する神、カインは許せなかった。人間の傲慢は最初神に向けられたのである。非常に腹を立てて、顔を伏せてしまったのである。怒りの目では神を見上げることはできない。カインの心の中で、神は変容して自分の望み通りに従うべき存在になっていた。したがって、神が、カインを差し置いて、アベルに目を留められたことに腹を立ててしまったのである。

余談だが、神を自分の願いに応える奴隷のようにしている宗教家は決して少なくない。祈れば答えてくれる神、信じれば聖書の言葉は都合よく自分への神の約束となる。このような宗教化されたエゴイズムはかなり普遍化している現状がある。でなければ、ビジネス化した宗教では、神は人を引き付ける看板になっているのである。注意を払った方がいい。

カインは、アベルを誘導し、野原で襲い掛かり殺してしまった。聖書が伝える人類初の殺人である。考えなければならないのは、アベルである。彼は正しい礼拝をし、かわいがっていた羊の初子を捧げたにもかかわらず殺されてしまったのである。ちなみに、カインの名は「産んだ、得た」という意味で、アベルは「息、蒸気、空《くう》」などと訳出されている言葉である。二人とも老境に達した人ではない。

人生においてこれといった成果をまだあげていない、すべてこれからなのに若くして命を失ってしまったアベル。それが、神に嘉《ヨミ》されるようなことをした結果だったのである。こんな理不尽なことが許されるのだろうか。人は誰でも立派に生き抜いて死を迎えたいと思うのが常である。しかし、人生には理屈の通らない不条理がいつも存在している。正しいことが、正しいと評価されず、逆に悪い結果をもたらしてしまうことも、悪が栄えることも往々にして存在する。

殺人を犯したカインは、この罪は背負いきれないと神に申し上げると、神は「カインを殺す者は、だれでも7倍の復讐を受けるであろう」と言われた。創世記にはそう書いてある。神が報復を認めたというより、罪深いカインでさえも憐れみで守るということであろう。カインは罪の結果、アベルの血が流された土地に住めず、さすらい人となって故郷を離れ、エデンの東に息子の名にちなんで「エノク（従う者の意）」という町を作った。自分好みの町にしたかったのであろう。そこで結婚生活を送ったのである。

カインから5代目のレメク（強壮な若者という意味）の代になった。レメクは、創世記によると、最初の一夫多妻を始めた人ということになる。彼の傲慢な言葉が記録されている。「カインのための復讐が7倍なら、レメクのためには77倍」彼は絶対的権力者であることを主張し、神がカインに言われた言葉をもじって自己主張をした。レメクの言葉から判断して、カインは、神が自分を守ってくれているということを子供たちに話したことがあったと思われる。カインの言葉が代々伝わって、神がカインを守ってくれるのなら、当然わたしを守ってくれる、レメクはそう信じて、高慢な言葉を言い放ったのである。哀れみでカインを守ると約束した神は、レメクに至っては、人を守る従者に成り下がっている。

さすらい人カインは、神から離れて、自分好みの町を作った。カインは大成功者であった。世俗的ではあるが、完全に神なき人生でもない。成功だけを見れば、理想的な生涯だったのかもしれない。カインを羨望する人は少なくない。しかし、カインはアダムと同じように罪の責任回避をしていたのである。

「知りません。わたしは弟の番人でしょうか」

殺人に関する神の問い、それに対する彼の答えである。アダムたちの罪が責められたときの答えに類似しているが、もっと質が悪くなっていることに気づかされる。罪はエスカレートする要素を持っているのである。

カインがどのような人生を歩んでいても、地は本来の神の恵みを生まなくなった。アベルの血が神に向かって叫んでいるからである。犯した罪の場所に戻れないので、神と無関係の土地に住まわざるを得ない、と聖書は語っている。場所は変わっても、カインの罪の象徴であるアベルの血の叫びは消え去らない。カインは許されざる罪を背負ったまま世俗的な町を作ったのである。それでも神は彼を守っていたのであろう。人工的豊かさはある。だが、神の祝福の町ではないとすると、人は神から離れ、自分の手でしか幸せを生み出せない、ということになってしまった。世俗都市は人の手で発展させない限り、存在の意義を失ってしまう。なぜなら、神からの祝福がないのだから。額に汗して努力しただけしか恩恵を受け取ることができない。この人たちは立派な「まち」を作ったが、出来上がった都会は殺人という罪の上に繁栄したのである。

アベルの空しい人生を選ぶ者はいない。ただ、アベルの人生が空しかったかどうかは、カインとの比較と彼の生存期間の長さのみで決めることはできない。人生が空しいかどうかは、その内容の意味如何にかかってくるのである。空しいのは長くても無意味な人生である。世俗性とは違った視点から人生を見る「目」が必要なのである。

新約聖書には、「世」という言葉が三つある。「アイオーン」、「ヘーメラ」、そして「コスモス」である。このうち、時間（クロノス）的概念の強い「ヘーメラ」はここでは重要視しなくても済む。マタイ2章、ルカ1章の「時代」とあるのがその例である。「アイオーン」には、時代、世代、永遠、世界などいくつかの意味に用いられている。しかし、ただの時間として捉えられているのではない。パウロが「世界の始まる前から定めておられた」（Iコリント2章）と書いているように、終末論的思索の中で捉えられている世界なのである。このような認識に至る「神の知恵は人の目に隠されている」と彼は述べている。「世」に対する認識が、一般的認識と全く違っていることを理解しなければならないだろう。

パウロはコスモスもアイオーンもほとんど同じ意味で使っているが、この世と神の支配する世界の区別は非常にはっきりしている。この世は滅びゆく世界であり、その知恵は神のみわざを理解できない。栄光の主を十字架につけるようなことをする愚かな知者なのである（Iコリント2章）。エフェソ書1章では、キリストに結ばれている者は、キリストにある神の世界の相続者であるとまで述べている。この感覚は、神はあるがままの世を完全に肯定していないということを間接的に示している。それとともに、世に対する見方は終末論的である。

世界とか、宇宙とか、世などの意味で、ヨハネが最も多く用いている語は「コスモス」である。彼の福音書では80回近く用いられている。もともと「整える」という意味のギリシャ語からきている言葉で、「整える」には「順序立てる」という意味が含まれている。神の創造された「世」は生成し、同時に過ぎ去っていく「世」なのである。これだけだと、時間概念のようであるが、神によって創られた「世」は堕落しているという神学的理解が入り込んでいる。この意味において、「世」は神に逆らう存在と化し、神の裁きの対象となっているので、「世」は終わり（終末）をはらんでいるのである。このような終末論的意味で「世」は再構築されなければならないのである。

ヨハネはこの「世」が、神ご自身の愛によって新しく創り変えられることを、繰り返し述べている。ヨハネの愛の世界を見ると、終末論は破滅的世の終わり、という可視的な終末に先立って、人の心や人間関係の中から始まるべき信仰による新しい世のあることを捉えているのである。その働きをするのは、ヨハネによれば神の愛なのである。

以上述べたように、新約聖書の「世」は、物質文明と直接的には無関係で捉えられている。広場での楽しい歓談も、家族の交わりも、のんびり過ごしている幸せなひと時も罪がないようであるが、この世は本質的に神に属し、神の恵みのもとにある世界ではない、というのが聖書の見方なのである。神は哀れみを注がれているが、世は決して神の期待しているような世界ではないのである。

カインの造った都市が、繁栄の裏に彼の殺人の罪が隠されていることを忘れてはならない。それは、神の目から覆い隠すことができないのである。したがって、神の厳しい目で見られているのは、人の心であり、存在のありようなので、都市の生み出した文化や経済的繁栄なのではない。

パウロは、現実の世がまさに終末を呼び寄せているような状況であることを指摘している。イエスの言葉からも、神よりも金を愛する世界、人の愛が冷ややかになっている世界、偽預言者が跋扈する世界という現実を、終末の兆候（しるし）とされているのである。

このような神なき世俗主義のはびこる現実を考えると、パウロの神学が否定的に社会に関わってくるのも頷けるであろう。

人間は、神なき自由な世界を創り上げようとしている。経済の世界だけではない。自然科学においても、現代人にとって、神は束縛をもたらす余計な存在となっているので、神なき世界が求められているのである。人間の知識と経済力が神に代わっていることに喜びと安心を見い出している現実がある。追い出されたのは権威と束縛として君臨していた神なのである。注意しなければいけないことは、現代社会から次々と消え去られているのは、誤った時の権威としての教会の神であって、ヨハネの主張する愛の神ではない。一般的神認識に大きな問題がある。新約聖書、特にヨハネ文書では、神は愛として臨んでおられるのであって、権威として上に存在する神ではない。もし、権威としてのみの神を把握しなければならないのなら、悪の存在もまったく違った展開をしているであろう。神はすべてを滅ぼす権威者なのだから。

愛には裁きがないようであるが、怒りの神より高度で厳しい裁きがある。人の目に隠されているだけである。この愛の裁きは、十字架の意味を考えれば見えてくる。提供されているのは救いだが、十字架の救いに裁きが内包されているからである。つまり、人は十字架によって救われ、十字架によって裁かれているのである。

ヨハネの思想では、神はわれわれの内に働く愛となっている。人間が裁きを招かない限り、聖霊に逆らう罪としての神の愛の拒否に陥らない限り、愛は恐れを与える権威になったり、自由を奪う抑圧的働きをしたり、裁き主として働くことはない。神の愛の働きを変えてしまうのは、人間側の条件によるのである。神は人間次第ではない、と書いてきた。しかし、罪は人間次第である。

ヨハネによると、神の権威と支配は愛として内に働く力としての内在性にあるので、超越的権威は内在に置き換えられなければならないのである。これは実存的神学が生み出される端緒にもなっている。

神学と哲学はたがいに共存したり、否定し合ったりの関係を重ねてきた。しかし、ここで取り上げられている世とは、哲学的思索から生まれてきた思想的な世ではない。時代の流れと共にある世の風潮、人々の心にある利己的な思いと欲望に支配されている現世であり、世俗の社会を指している。したがって、抽象的・思想的理解ではなく、具体的現実社会、つまり世俗性が指摘されているのであって、人間の生き様の中に見い出されている現実がいつも問われているのである。

現代人は自由を目指している。自由とは権威や宗教の束縛からの自由であり、神もまた現代社会の中で捉えられた神でなければならない、と無言の主張をしている。社会の非宗教化を目指し、人間は人間に向かうことに意味があると考えられている。したがって、社会全体が非宗教化され、神は放逐され、神的権威は否定されている。人間とその営みがすべてなのである。しかし、よく考えると、反対し、否定されているのは、かつての権威的であった恐ろしい裁き主なる神なのである。あまりにも教会の権威が大きすぎた時代の反動があるのだろう。

裁きは上から下るのではなく、人間が招いてしまうのである、と考えるとわかりやすい。これは楽な世界ではない。一人ひとりの存在の在り方が問われているからである。神はカインを守られた。しかし、この恵はカインの殺人の罪がなくなっている証明ではない。

人間は神から離れた社会を成熟した社会と考え、この社会に期待しているが、残念ながらわれわれはいつも裏切られている。友となってくれない現実が支配している社会を再認識しなければならないだろう。時代や場所を問わず、国家や社会の犠牲はなくならない。病魔は突然幸せを奪い取る。戦争を起こすのも人間なら、平和を願っているのも人間なのである。このように、われわれを取り巻いている現実は、期待しても裏切られることの多い世界なのである。もう一度、神を問い直されなければならない。時代を超え、状況の深みに届く神、殺す神ではなく生かす神を再発見しなければならない。

神がわからないと質問したフィリポに、イエスはこのようにお答えになられた。「わたしを見た者は、父（神）を見たのである」（ヨハネ14章）ヨハネは、イエス・キリストの人格の中に神の姿が見い出されなければならない、と述べている。この言葉は重大である。崇高な超越的神として存在している神ではなく、イエス・キリストに内在している神は、人の心に届いてくれる愛であり、低くへりくだる神なのである（フィリピ2章）。

このような人格神を見い出す必要がある。したがって、思想的に肯定されたり否定されたりして作り上げられた神ではなく、イエス・キリストを通して生きて働く愛としての神を再認識しなければならないのである。

現代人は、非宗教化した世界を成熟した世界とするよりも、神を再発見しないうちに、神を失ったことを悲しんだ方がいいのではないだろうか。誤った神概念をただす近道がある。哲学や神学に首を突っ込まなくても、少し乱暴だが、ヨハネ文書を読み、そこに描かれている神を考えれば神認識を改めることができる。そこには超越的神よりも内在的な神、裁きの神よりも寄り添う愛の神が描かれている。前著『信仰か愛か』で書いたことだが、宗教は「説く」ことより「生きる」ことに意義があるのである。それゆえに、神の前に問われる人生とは何を為したかではなく、いかに生きたかということである。裁きがないのではなく、それは隠されている。隠れているがゆえに厳しいのである。

イエスは人の心の内にあるパン種を問題にされたことがあった。新約聖書では、マタイ16章、マルコ8章、ルカ12章など、共観福音書すべてに記録されている。マタイはファリサイ派やサドカイ派の人々のパン種に注意し、警戒するようにと書き、マルコはファリサイ派の人々のパン種とヘロデのパン種とに十分気をつけなさい、と書き、ルカはファリサイ人たちのパン種とだけ書いている。共通しているのは、ファリサイ派だけである。マタイはマルコの書いたヘロデをサドカイ派に書き換えたと言われている。ヘロデとサドカイ派の人たちには共通したパン種があるので、両者を一緒に考えてみようと思う。

今でも同じだが、食生活で自然発酵を促すために、新しいドウ（dough）に発酵したパン種を入れていた。パン種は、膨らんで大きくなることから、象徴的に小さな原因が大きな結果を残す譬えに用いられている。良い意味では神の国に譬えられているが、警告の意味でイエスはファリサイ派とサドカイ派のパン種に気を付けるように、と弟子たちに語られたのである。これらのパン種は人の心に入るとその人を捉えて支配し、さらにウイルスのように他にも広がっていくことを指している。

当時のファリサイ人に関して、マタイは23章を見てみよう。非常に重要な箇所なので、要点を書き出してみる。律法学者を輩出していたファリサイ派は、モーセの座についている、すなわち、教師としての座につき、上から民を指導している。教えていることは立派なので、彼らの言うことは実行すべきである、とイエスは言う。ところが、彼らは人に律法の重荷を負わせるだけで、自分たちは実行していない。教師らしく見せるために見栄で着飾ることや、常に上席につくことを選び、「先生」と呼ばれることを求め、それを喜んでいる。教えているが、自分ではその教えに生きていない。上に立つことは求めるが、遜って仕えることはしない。マタイが総括したように、ファリサイ派の人物像は、まさに高ぶった偽善者であった。

偽善者の動詞形「ヒポクリノマイ」は「(俳優が役を)演じる」という語なので、「ふりをする、みせかける、偽装する」などの意味で使われる言葉である。名詞形はこの動詞から来ているので、「俳優、偽善者」という意味になる。したがって、偽善者とは見かけと中身が違う人間ということである。中身が違うとは、立派な言葉と俗な行いのギャップを指している。しかし、それだけではない。中身は「アノミア」、神のみ旨に反する不法が支配しているのである。神のみ前では全く通用しない偽善的、憐れみなき戒律の世界なのである。指一本さえも動かしてくれない憐れみなき律法至上主義、加えて、人には要求するが、主義主張に自ら生きていないという空虚な宗教はイエスが最も嫌った偽善の世界なのであった。偽善の陰に見え隠れしているのが傲慢である。イエスが「ファリサイ人のパン種」と言われたのは、このような状況を指して言われたことであった。

ヘロデとサドカイ派とは立場は違っているが、政治的に繋がっていた。実は、利害関係で繋がっていたのである。それだけではない。共通したパン種を持っていた。ヘロデについて人々が持っていたイメージは世俗的支配者という人物観であった。彼はユダヤに反乱のないことを、治世が平穏無事であることを常に願っていた。民を思ってのことではない。自分の保身のためである。そのために、信仰も敬虔な心も持ち合わせていないにもかかわらず、宗教国家を維持するためにユダヤ教を保護し利用していた。神殿経営を一手に支配していたサドカイ派とヘロデは、宗教家と支配者という一致しがたい立場であるが、根底において世俗的であり、見かけだけの宗教心という共通するパン種を持っていたのである。

ヘロデには権力欲はあっても、宗教性も高い倫理観もなかった。彼の結婚問題や隠し子を考えればすぐに想像することができるだろう。殺人も犯している。一方、サドカイ派の神殿を中心とした宗教のいい加減さは目を覆うばかりであった。そこにあるものは、形骸化した形だけの宗教、世俗の商売が公認され神殿で大手を振っていた現実、つまり、富と権力が支配していたビジネス中心の世俗世界が支配していたので、生きた信仰など見当たらなかったのである。中身のない宗教が存在するだけである。イエスがレプトン銅貨2枚を捧げた貧しいやもめを、「皆は有り余る中から入れたが、この人は、乏しい中から自分の持っている物をすべて、生活費を全部入れた」と、わざわざ弟子たちを呼び寄せて誉めたことからも想像できるだろう。心のない参拝者が多い中で、この女性の行為は特筆に値するものだったのである（マルコ12章）（なお、レプトン〈またはレプタ〉という貨幣の単位は説明のついている聖書があるので、それを参考にしてほしい）。

イエスがヘロデを指して、「行って、あの狐に、『今日も明日も、悪霊を追い出し、病気をいやし、三日目にすべてを終える』とわたしが言ったと伝えなさい」（ルカ13章）とファリサイ派の何人かの人々に言われた言葉がある。ここを立ち去ってください。ヘロデがあなたを殺そうとしています、との知らせを聞いた時であった。告げ口なのか、それともイエスの身を案じての注進だったのか不明だが、告げ口の場合は、一般に、自分を義とすることが多い。イエスの「狐」という表現は馬鹿にして語られたのではない。いつの時代でも同じだが、独裁者に対して、民はうわべの服従とは裏腹に面従腹背を地で行くのである。

「狐」は民衆の気持ちを代弁した可能性もあるが、ヘロデの本質を見抜いた言葉である。ユダヤでは、狐は狡賢く劣等な生き物とみなされていた。エゼキエルが13章で、自分の意のままに語る偽預言者を「山犬」と評しているが、これは狐のことである、と解されている。雅歌2章では狐はぶどう畑を荒らす害獣となっている。いずれにしても、狐はペットの対象にならない卑しい動物とされていたのである。

このように、ヘロデとサドカイ派には、俗化した宗教と偽善の面で共通項が存在していたのである。ファリサイ派のパン種とサドカイ派のパン種の深層に流れている世俗的な要素には、自己愛はあっても神への愛はない。人々は神なき社会を生き、表面的な信仰心を創り上げていたということがある。社会の中心的指導的立場の者が、自己を誤魔化し、偽善者に成り下がっている現実、宗教は形式だけの空虚な世界と化し、神殿はビジネスの場となっている現実、これらを考えると一般庶民の道徳的レベルをうかがい知ることができよう。衣食住がすべてという世俗的生活の中で、人々はあくせくしていたのである。世俗性が俗悪と化しても矯正も否定もする力がないのが現実なのである。したがって、世俗性は何の抵抗もなく、パン種を入れたドウのように膨れ上がって広がっていく。この本質は現在の社会でも見ることができる（Iコリント5章）。宗教の世界でも、この世の精神は生きているのである。世の通念から考えれば、宗教の世界こそ清らかで、世俗から離れていると思うが、それはまさに神話である。罪もまた内在的で隠れている。

ユダを考えてみよう。ユダの人間性に踏み込む最初の問題点である。彼には絶対にイエスと歩調の合わない生き方があった。財布の中身をごまかしている盗人、とヨハネに看破されたが、反省した様子は見当たらない。立場上当然の権利とでも思っていたのだろうか。それとも、もっと卑しい欲望の結果なのだろうか。イエスを愛する女性が香油を塗った出来事の中で、ユダはいかにも貧しい者を思いやっているような発言をした。自分をごまかして善人ぶる偽善は世俗の一形態である。裏切りの代金も、求めたのはユダ本人の側であった。この代金が、ユダの人生にどれだけの意味があったのだろうか。罪の象徴そのものではないのか。イエスが奴隷の立場になって、弟子たちの足を洗った時、ユダも平然とイエスに足を洗わせたのである。腹に一物ありながら、なにもないかのような態度で他の弟子たちと同じように過ごすということは、偽善そのものである。世俗性は偽善をも生み出す力を持っている。世俗に埋没していなければ、自己の偽善に気づくはずである。彼には偽善的行為をしているという意識がなかったと思われる。真の偽善者は、偽善的行為をしているという意識を持っていない。詐欺師が詐欺をしているという意識がないのと同じである。

ヨハネは、この世を神に反する世界と捉えているとともに、神はこの世を愛されているという。一見相反する見方をしているのである。つまり、この世は裁かれているものの、滅びと断定されているのではなく、神の愛による十字架の救いの対象という意味で捉えられているのである。したがって、あるがままのこの世が肯定されているというわけではない。神の愛ともいうべき救いを無視すれば、世は神との関連で存在の意義を失い滅びの世界と化してしまう、というのがヨハネの論理なのである。神は愛していると同時に裁いてもいるのである。ヨハネによれば、神は否定媒介的に世にかかっているのである。神は世に対し、裁きとしての十字架で否定し、贖いとしての愛の十字架で肯定している。十字架を死刑の手段として見るのではなく、信仰の目で見ると前記の二面性が見えてくるのである。これだけ書けば、聖書がこの世を罪の世界と述べていることが理解できるであろう。

愛に関してのユダの問題性はすでに述べた。まとめよう。イエスはユダを叱責しただけではない。他の弟子たちと全く同じに愛し、時には気づかせようと警告も発していた。この愛と警告にもユダは平然としていた。なにも感じていなかったらしい。どうしてこのようにユダはイエスの愛に反応しない人間だったのだろうか。どんな愛を受けても応答のない人間、受けるが自分からは決して愛の応答をしない。これではまるでブラックホールの人間版である。愛に応答しない、他に対して思いやりを持たない人とは、完全なエゴイスト以外にない。すべてが彼自身を中心として回っている世界に、彼は生きていたのだ。自分のことしか考えない人はユダに限らない。年齢・職業を問わず世の中にいくらでもいる。このような人は、自分を絶対化し、他を拒否するが、それが傲慢な心であることさえも気づかない。それがエゴイズムの一面である。

イエスの「自分を捨てて十字架を……」と言われた言葉が、最も必要にして、あてはまる弟子はユダ以外にはないのだが、なぜか彼はしっかりと足を下ろしていた世俗の世界から一歩もイエスに足を進めていない。イエスのメシア性を認めたかもしれないが、イエスは自分にとってのメシアのタイプではない、と思っていた可能性の方が強い。世の人々が願うメシア、世俗的な人間の求めるメシア像をイエスに当てはめようとしていたのかもしれない。サドカイ人やファリサイ人のパン種も、ユダから探せば出てくる。これほどまでにイエスに相反する立場を貫いていた弟子はいない。何かが狂っているので、何もかも逆転しているのだ。イエスによって矯正されるのが弟子なのである。まったく違った立場に立ち続けているなら、弟子とはいえない。しかし、彼は表面的にはイエスの弟子だったのである。イエスは弟子の中に反キリストを抱え込んでいるようなものであった。すでに述べたように、イエスは人間的条件で弟子を選ばなかった。弟子が弟子たる条件を満たすには、すべてイエスに対する在り方で決まるのである。粗野な乱暴者でもいい、礼儀知らずの田舎者でもいい、無知無学な者でもいい、貧しく何も持たない者でもいい、社会的名声などは必要ないのだ。必要なのは、イエスを愛することだけなのである。愛していればイエスを受け入れる。愛していればイエスに従う。愛していればイエスのために生きようとする。弟子たる条件はイエスに対する愛という人格的在り方如何で決まってくるのである。

ユダは才能のある人間であったかもしれない。他の弟子が知らない世界を経験していたかもしれない。したがって、弟子同士の人間的比較だけなら、トップレベルであっただろう。しかし、残念なことに、ユダはイエスの弟子としての条件を全く満たしていなかったのである。弟子としての人生を全うしようとする意図も見当たらない。拒否していたのかもしれない。だが、特殊な人ではない。後で述べるが、ユダの精神はどこにでも存在している普遍性を持っている。今日の教会にユダの精神が見い出されなければ幸いである。

すでに述べたようにユダの場合、世俗性よりも、もっと根源的で重大な問題が潜んでいた。イエスの愛に対する彼の態度を見ると、終始拒否していたのか、それとも自己の中に沈潜していたので冷淡に見えるのか、愛が分からない無感動な人間なのか、疑問は尽きない。それゆえにこそ、愛の問題で、彼の性格を吟味する必要があるだろう。

ここで、ユダの唯一の後悔を取り上げなければならない。これが後にも先にも、「彼の悔い改め」なのである。

マタイ3章の「悔い改めよ」で使われているギリシャ語動詞は「メタノエオ」の命令形

である。バプテスマのヨハネが、ファリサイ人やサドカイ人たちが洗礼を受けに来たとき、彼らに「悔い改めにふさわしい実を結べ」と語ったが、この時バプテスマのヨハネは「メタノエオ」という語に、悔いて洗礼を受けるだけに留まるのではなく、心を変えて罪から離れ、改めること、つまり人格的転換まで要求したのである。この語には、罪からの離反の意味も含めて使われている。マルコはイエスとの関係の中でこの語を使っている。このようなことから、メタノエオは表面的な悔い改めに留まらず、悔い改めの結果の人格的変貌まで求められる深い意味で使われているのである。

一方、27章で、ユダが使った語「ハマルティア」（名詞）にはどのような意味の違いがあるのだろうか。形容詞「ハマルトロス」はもともと律法を厳守していないディアスポラのユダヤ人や律法を持たない異邦人たちに対し、「罪深い」、とか、「罪を背負っている」などの意味でこの語が使用されていた。したがって、ユダが自殺の前に使った動詞「ハマルタノ」は、「まとに当てそこなう、過ちを犯す、やりそこなう、〜に対して罪を犯す」などという意味でも使われている語なので、罪を悔い改めるという意味で使われた場合、この二つの言葉の内容の深刻さには違いがある。

ユダの「罪を犯しました」という告白は、本来なら「メタノエオ」を使って、裏切ったキリストに向けて告白すべきであった。しかし、彼はイエスに罪の許しを求め、自己変革をするほど深く自分の罪を自覚していなかったのである。むしろ、やるべきでないことをやってしまった、という自分の失敗に対する悔悟の念に駆られていたのではないかと推測される。したがって、ユダの告白は謝罪になっていない。強いて卑近な言葉で代弁すれば、「しまった！」がふさわしいと思われる。罪の告白には相手が意識されている。しかし、「しまった！」は、事態がどんなにショッキングであっても、自分自身に向けた言葉である。「やらなきゃよかった」というニュアンスが感じられる。

では、なぜ彼は自殺してしまったのだろうか。「ホザナ、ホザナ」と大歓迎した人々はすっかり沈黙してしまった。イエスの裁判が社会問題を超えて、ローマをバックにした国家権力に移行してしまったのを恐れたからである。無力な大衆の一形態である。代わって、イエスを亡き者にしようとしていた宗教家や民の指導者たちの力が大きくなり、エルサレムではイエスの裁判のうわさが広がり、「ホサナ」が「十字架にかけよ」という言葉に変わったと思われるほど、一夜にしてエルサレムの空気は一変してしまった。重苦しい雰囲気の中に町全体が閉ざされてしまったのである。だれも国家権力に逆らうことはできなかった。良識ある人々の発言など、全く力にならないし、許されなかった。このことは、イエスの復活後に弟子たちが「ユダヤ人を恐れて」部屋に閉じ籠もっていたことでも判断できるだろう。おそらく、人々の心の中には、イエスの判決とともに、ユダの行為も記憶されていただろうと思われる。とすると、ユダはどこに自分を持っていったらいいのか判断に苦しむ状態に陥っていたのである。居場所のない、自分を持っていきようがない暗黒と絶望の只中に彼はあったのである。エルサレムの雰囲気も、イエス逮捕のショックで沈黙してしまっていた。

晩餐の席を後にしたとき、夜であったので、外は真っ暗であった。しかし、今は、暗黒はユダの心に、という状況であった。四面楚歌に陥っていたからである。いまさら、イエスや弟子たちの許に帰ることはできない。そのつもりもない。かといって、世間では、イエスの敵が大手を振っているが、彼らは、裏切ってもイエスの弟子であったユダの味方になることはない。処刑が終わり、エルサレムは重苦しい沈黙の中に沈んで土曜日の安息日を迎えようとしていた。しかし、口には出さないが、イエスの捕縛の話の中でユダの裏切りも知られている。だれもが知っているということは、ユダにとって恐怖である。ユダは、自分の置かれている状況を知れば知るほど、身動きが取れず、完全な孤立状態の自己を認識せざるをえなかった。これからの人生の希望もなく、出口は見当たらなかった。彼は、イエスを裏切ったので権力者の敵ではない。しかし、権力者に味方はいない。それどころか、彼らはユダをまったく相手にしなかった。ユダは完全に行き場所を失っていたのである。かつて、ユダがこんな人々を相手にして何になるのか、と思った下層階級の人々は、皮肉にもその通りで声を上げることも、立ち上がることもしない。下層階級には権力者と争う力など持ち合わせていなかった。ただ権力者の力だけが支配しているのが世の常なのである。祭司長たちは、ユダの裏切りを歓迎したが、裏切るような人物を評価しなかった。裏切りは自分たちの意に適うことなので大歓迎、しかし、裏切るような人間は信じられないのである。

味方もなく、理解を求めることもできない状況、孤立と絶望の渦の中で、居場所を失ったユダの選択肢は自分自身しかなかった。彼は、唯一の選択肢である自己自身を選んだのである。それ以外に選択の可能性は全くなかった。何も考えられなくなって、不安にさいなまれた空虚な心を抱きながら、遂に彼は首を吊った。絶望の中にある自分自身を選び、絶望とともに世を去ってしまったのである。

このように、ユダは救いのない自己の世界の中に沈んでいった。それだけが残された道だった。彼の帰るべき場所は彼自身の中だけであった。ユダの自殺は何の解決にもなっていない。意味もない。ユダはユダであることを証明しただけである。

ここで、どうしてもゲッセマネの時のユダを顧みる必要がある。ヨハネは、ユダの役割を完全に否定している。ヨハネ18章は非常に重要な箇所である（ここでは「エゴゥ　エイミ」の問題には触れないでおく）。

イエスが弟子たちと一緒によく来た場所なので、ユダもその場所を熟知していた。彼は、松明やともし火、武器などを手にしていた一隊の兵士と、祭司長たちやファリサイ派の人々の遣わした下役たちを引き連れてやってきた。ユダはガイド役だったと思われるが、現場では、ヨハネによると、「イエスを裏切ろうとしていたユダも彼らと一緒にいた」のである。ユダは先頭を切ってイエスのもとにやってきたのでもなく、偽善的キスの挨拶もしていない。場所を指示していながら、いざ現場では一歩退いた形を取っている。ユダの態度は、「おれは関係しないから、お前たちが好きなようにやれ」と言っているようにも読み取れる。キスをする偽善者ユダよりも、もっと狡猾なユダが浮かび上がってくるのである。

決定的なことが起こった。「イエスはご自分身に起こることを何もかも知っておられ、進み出て、『誰を捜しているのか』と言われた」のである。彼らは、あらゆる奇跡も人々の賞賛も剝ぎ取ってしまった。法廷ではないので、「ナザレ」は必要なかった。しかし、彼らはイエスを卑しめ、「ナザレのイエスだ」とナザレを付加して答えると、イエスは「わたしである」（エゴゥ　エイミ）と言われたのである。イエスが自ら名乗り出た瞬間に、ユダの役割は意味を失った。ユダが「無」になった瞬間である。

「わたしが接吻するのが。その人だ。それを捕まえろと前もって合図をきめていた」（マ

タイ26章)

「わたしが接吻するのが、その人だ。捕まえて、逃がさないように連れて行け」(マルコ14章)

「捕まえろ」と「逃がさないように」、との違いはあるが、捕まえたあと逃がさないように、と考えれば整合性はつく。「逃がさないように」とはひどい言葉である。イエスは状況によって逃げ出すような人物ではない。ここでもユダのイエス観に大きな問題がある。いずれにしても、ユダは祭司長たちに、イエスを認定する役割の約束をしていた。これは裏切りの決定的行動である。

ところが、現場でイエスが自ら名乗り出たということは、ユダは捕縛に関して何の役割も果たしていないということになる。ただの道案内だけがユダの役割だったのであろうか。最後の晩餐から重大な局面が展開され、ユダは主役的役割を果たしている。しかし、最後は何もしていないという矛盾は理解に苦しむことである。キスもなく、一歩退いて彼らの中にいるだけのユダ、イエスの捕縛に直接的に関わっていないユダというヨハネの描写は、ユダを好意的に描いているのではなく、彼の行動が「空しく、意味がない」ことを表している。「これが彼の人生だ」、とヨハネはわれわれに告げているようにも解釈できる。ユダが裏切らなくても、イエスの言葉通りに運命が定められているのなら、しかもイエスご自身が名乗り出たということは、ユダのすべての役割に意味がなく、彼はただ、「裏切り者ユダ」という名前を残しただけなのである。

イエスが死刑でなく、むち打ちの刑などで釈放されたらユダは自分の行動をどう考えたのだろうか。このことは取り上げる必要がない。というのは、イエスは生前、サンヒドリン議会の構成メンバーである者たちによって殺される（マタイ26章他）と語っていたからであり、ユダも知っていたからである。ユダが裏切らなくても、十字架刑かどうかは不明だが、死刑が成り立つのであれば、ユダの行為は「空虚で無意味」なものとなってしまうのである。イエスがいなくなって、イエスグループが崩壊すれば自分の時代が来るとでも考えていたのだろうか。弟子たちから遊離していたユダにとって簡単なことではない。11人の弟子が残っているのだ。ユダにはメシア的な力があったとは思えない。結果がなんであるにせよ、裏切ったことは間違いなく十字架の話と共に歴史に残されてしまったのである。

何のために裏切ったのか、裏切りという行為が浮いてしまっている。なぜなら、ユダがなにもしなくても、十字架という形でなくても、手段は何であれ、祭司長たちはイエスを殺そうと決めていたのだから。さらにイエスの死は、イエスご自身が語ったように、定められていて不可避だったのだから。そして、ゲッセマネでは、イエス自ら名乗り出ているので、ユダの役割は最も重要性のないただの道案内でしかなかったのである。

かくして、ユダは完全に浮いてしまっていた。悪名だけは歴史に残った。ユダの人生はなんだったのだろうか。弟子でありながら、イエスの愛を受け入れて従うこともせず、弟子の歩みでなく自己の道を歩み、最後は大それた裏切りをした。ところが、その重大な行為が「空虚で無意味」だったとは！ これでは、まさに「生まれない方がよかった」人生ではないのか。「滅びの子のみ滅んだ」と言われたイエスの言葉通りになってしまったのである。

悪魔がユダに入ったと書いたヨハネの視点から敢えて考えれば、ユダは悪魔に踊らされて意味のないミステリアスな行為をしたピエロということになる。しかし、裏切りを決意したのはユダ自身なのである。悪魔がユダに入る以前に、ユダはイエスを裏切る決断をしていたからである。このようなことを考えると、やはり責任はユダにある。したがって、「裏切り者ユダ」という名前が歴史に残されている事実は動かせない。

述べてきたように、彼の裏切りに何か意味があったとは思えない。イエスの言葉、神を父としたこと、安息日を破り、祖アブラハムを尊重しなかった行動など、イエスは社会の敵になっていた。さらに、宮清めで決定的になった社会状況などを考慮すると、イエスご自身の預言もあり、イエスの死は不可避であった。したがって、ユダの最後の行為はまさに「空虚で無意味」なものになっていたのである。

かくして、ユダは何か大きな役割を果たしたように見えるが、結果的には意味のない罪を犯しただけということになってしまった。これほど空しく、残されたものは罪だけという人生があってしかるべきなのであろうか、という問いだけが、われわれに投げ掛けられている。

空虚な人生を送って生涯を終えた人は数知れない。名誉に固執して人生を終えた人、わずかばかりの金銭にあくせくして人生を使い果たした人も数知れない。しかし、ユダは犯す必要もない罪を犯した。しかも、その罪が出来事とまったく「かみ合わない虚しさの極みの行為」であり、その空虚の中に彼は沈んでいったのである。なんという悲劇だろうか。もし彼がまともな感覚を持ち合わせている人なら、イエスの許しを乞い、裏切りに走らなくてもよかったはずである。しかし、彼は「なそうとしていることをなしてしまった」のである。彼にイエスの愛に対する爪の垢ほどの感受性があったなら、彼の人生は全く違ったものになっていたに相違ない。イエスがご自分の死を語られたとき、ユダは何を考えていたのか不明である。おそらく、本当のメシアはこんなはずではないと心の中で否定していたのかもしれない。イエスを否定すればするほど、その結果は自分に降りかかってくる。何を肯定したらいいのか、ユダの人生がその問いの答えになってしまった。否定すべき忌まわしい歩みが肯定され、肯定すべきものがすべて否定されている。

他の弟子たちはイエス・キリストの十字架を慕って、キリストの「生」を生きるために「犠牲の死」を選んでいった。しかし、同じ「死」でありながら、ユダの死はまったく意味もなく、無の世界へと沈んでいっただけなのである。ということは、繰り返すが、死に意味がなければ、歩んできた人生に意味があったとは言えない。彼の「生」もまた無意味だったのである。

弟子としてあるべき「生」を終始一貫して喪失していた彼の「死」は、彼の人生の無意味さの結論であり、象徴でもある。ユダは何歳で世を去ったのか不明だが、このような死は、彼の人生の空しさを物語っている。このことは裏切りという行為以上に悲惨である。「滅びの子のみ滅んだ」という悲劇をユダは人生をかけて演じてしまったことになるからである。ユダは生き方次第で、「裏切り者ユダ」でなく、「偉大な殉教者ユダ」にもなれたのである。愛の裁きの厳しさを感じざるを得ない。

ユダに関して、ことあるたびにいろいろ書いてきた。結論としてはっきり述べなければならない時が来たと思う。ユダのすべての行為から、特にイエスとの愛の関係から判断されることだが、彼は「典型的エゴイスト」であったと結論づけることができる。

エゴイストとは「エゴ」が、思想においても、行動においても、存在の中心となっている。したがって、他者との関係は自分の「利」に値するかどうかで決まってくる。自己の「利」が全てなら、他を顧みることはそれほど必要ではない。したがって、自分との関係で他者が「利」することは極力避ける傾向がある。「他」は利用するために存在し、「利他」は必要ないのだ。したがって、他者の言行は無視される。妬みは相手に対して破壊的に働きかけるが、エゴイズムは妬みのような働きかけもしない。終始、自分自身だけの世界に生きている。自分本位の人間なので、行為の善悪、正否の判断基準もまた自分自身に基づいているのである。

　このように、自己が全てとなると、罪悪感は希薄になる。自分で自分の罪悪を吟味してしまうので、正当性はない。バプテスマのヨハネの宣教に従って罪を悔い、人生の在り方を変えるような人々はエゴイストになり得ない。このことは、エゴイズム（利己主義）の対義語が「利他主義」であることを考えれば見当がつくであろう。

　これらのことから分かるように、自己批判のないエゴイストは「非と責任」は他にあると考えているので、傲慢で無責任な態度を取ることが多い。なお、ここで使用するセキュリズムとエゴイズムは、哲学的思索から生み出された言葉というよりも、もっと現実的で、人間の中にある世俗的な思いや自己中心的行動を指している、と理解してほしい。「イズム」をつけないで「世俗」とか「エゴ」と言ったほうがいいのかもしれない。しかし、世俗はいずれにしても、「エゴ」という言葉は誤解を招く恐れがある。ここで述べている「エゴ」は、自分が自分について意識したり考えたりしているときの主体性にある「自分(自我)」ではなく、世俗的なエゴイズムの中心にある自我、と考えてほしい。聖書はそのような視点で捉えていることが多いからである。主義主張というより、現実の考え方や行動を指しているのである。思想というより、全体的に捉えたその人の人間像自体を叙述しているのが聖書の人間描写なのである。したがって、人間に対する呼びかけは、その人の存在の根底への呼びかけとなる。

エゴイストが絶対に従うことのできないイエスの教えがある。黄金律と言われている有名な教えである。「何事でも、人から自分にしてもらいたいと望むことを、人にもしてあげなさい」(マタイ7章)エゴイストは、「受けるよりは与える方が幸いである」(使徒言行録20章)を地で行くことができないからである。したがって、彼は与えることは幸いであると思っていない。人のために生きることは無駄か損失になるので、喜びどころか、苦痛になる。これらは彼が望まない世界なのである。

エゴイズムは特定の人の中に潜んでいる思想ではない。世俗と同じように、薄く広く一般的である。偽善や世俗が、イエス時代の宗教家の中に存在していたように、職業を問わない、時代も問わないで存在している。ウイルスよりも始末に負えないのは、それが外ではなく、人の内に存在していることであろう。

愛とは神の愛であろうと人の愛であろうと、隣人になることを意味している。それは寄り添うことである。エゴイストに決定的に欠けていたのは、他者に寄り添う精神である。これがなければ、イエスの愛どころか、人の愛も理解できない。愛に感じ易い心を持てない人が、どうして愛に生きることができるだろうか。イエスは、哀れに思う愛で奇跡を行い、パンを与えられたのである。パウロも、愛の章といわれている第一コリントの13章だけでなく、フィリピ2章でも「自分のことだけでなく、人のことも考えなさい」と勧めている。

あえて、人間的側面を追求してみよう。間違いなく、愛に無関係なタイプがある。狡賢く、人を利用することを知っていても、自分を犠牲にする愛には無頓着で、それを避ける人がいる。このような人は、イエスを利用することがあっても、献身はしない。これが理由かどうかは不明だが、イエスはエルサレムの有能な若者を弟子にされなかった。イエスの、高弟といわれていた中心的な弟子は、素朴で正直な田舎者だったのである。しかし、素朴な田舎者ほど、自分が愛されていることを知り、感じた時、だれよりも深く感動し、愛に沈潜する傾向がある。狡賢さや打算がなく、真正面から受け止めるからである。このような人は裏切ることなど決してしない。むしろ、自分が裏切られて悲しみのどん底で十字架を見上げるタイプである。

ペトロは「イエスを知らない」と言って裏切った時、男泣きに泣いた。この涙は、愛なくして流れない涙である。教理で泣いたのではない。彼は心から主に申し訳ない、という詫びの気持ちと、情けない自分への後悔の念で溢れていたのである。彼を動かしたのはイエスに対する愛であった。

この段階ではまだペトロの愛は、感情の域を出ていなかった。復活のイエスはペトロに愛を求めた。「ヨハネの子シモン、この人たち以上にわたしを愛しているか」（ヨハネ21章）「わたしを愛するか」は三度も言われたのである。その結果、ペトロは、イエスとの関係は師と弟子であるが、それ以上に、イエスとの愛の絆を心に持つことの重大さを知らされたのである。ペトロがイエスの弟子として完成されたのは、愛を知ってからのことである。

どうしてユダのような愛に無感動な人間が生じたのであろうか。打算、虚栄心、自己中心、感覚的世俗の世界でしかものを考えられない人などには、その傾向があるだろう。だから、ユダも……とは言えない。ユダはイエスの弟子だったのである。愛に無感動な人、愛に共感を持てない人は、当然であるが、他者に関して冷淡である。ユダは自分が何者であるかを知らなかったわけではない。記憶していたのは自分の人生であり、歩んできた道である。自分の本質についての自覚と批判はない。本当に自分自身を知っていたら、彼はそれだけでイエスの前に跪いたであろう。残念なことに、彼には自己理解にも問題があった。自分自身がわかっていない人は、自己自身であり続けるのである。選択の基準をいつも自己に置いているエゴイストは、自分がわかっていない人間である。自己を批判する自己が喪失されているからである。したがって、自己からエゴイズムは消え去らない。いつまでもエゴイストであり続けるのである。自己が絶対なら、もうひとつの絶対者である神は彼の内で拒否される。

ユダがイエスに足を洗わせながら、心の中で、裏切りを画策していたということは、偽善を超えていた。漁師ペトロも不完全さをさらけ出しながら、イエスを愛していこうと努力を続けていたのである。人間的愛であってもいい、なぜユダの心には愛の灯がともらなかったのであろうか。彼を存在させていたと言っても過言ではないエゴイズムを考えなければ、非常に理解に苦しむのである。テレーズの最期の言葉は「主よ、あなたを愛します」であった。テレーズは愛にいのちを懸けていた。これはエゴイストの知らない世界である。愛を知らない者は、いのちの夕べに、死の床で問われるのは自己の業績であると思っている。十字架のヨハネは、「いのちの夕べには愛が問われるであろう」という言葉を残しているが、業績を意味しているのではない。愛は自己の業績にこだわる意志や感情などを生み出すことはないからである。

ユダは確かに「無意味で空しい」人生を生き、罪名だけを残して消え去った。しかし、彼は決して特殊な人間ではなかった。程度の差こそあれ彼のような世俗的人間、彼のようなエゴイストはいくらでもいる。このことから、彼は非常に重大な「あること」をわれわれに残しているのである。われわれというよりも、教会に残したといったほうが正確である。聖書に残されたユダの人生はイエス・キリストの人生よりもっと短い。聖書はイエスを誕生から書き記しているが、ユダはイエスの弟子になったときから死に至るまでしか書き残されていない。この短かったユダの人生が、途方もないある重大な真理を語っているのである。

ここまで読んでくださった方は気づいていると思う。まず、すでに述べたことだが、イエスの弟子にはなんの契約もないということに注目しなければならない。弟子としての証明書もない。このことは、スポーツでいえばスタートラインに立った、ということを意味しているのである。完成ではなくすべてこれから、という意味である。直接声を掛けられて弟子になったペトロたちも同じで、ペトロは、厳しい言葉でイエスに叱られたこともあった。ペトロであっても、落ちてゆく可能性が多分にあったのである。

弟子としての人生をスタートしたユダも同様、イエスとの関係はかなりデリケート（というより実存的）なもので、深まるか、それとも希薄になるかはユダ次第ということであった。したがって、弟子に選ばれたということは、永久に無くならない勲章のようなものではないということである。イエスとの関係は存在論的に固定化されていない。したがって、現在のキリスト教の状況も同じである。洗礼を受け、教会員になったこと自体が天国への不滅で有効なパスポートにはならないという現実に繋がっている。

この危険性はイエスも同じであった。公生涯に入る前、断食の後サタンに誘われたとき、もしイエスがサタンの誘惑に負けたなら、神の子であってもキリストではなく、一敗北者になってしまった可能性があったのである。

それでは、どのような関係をイエスと築き上げなければならないのだろうか。すでに述べたことであるが、ドグマの信仰的肯定とは異なる要素がある。水泳でいえばスタート台に立っただけ。飛び込んで泳がない限り水泳にはならない。イエスとの関係も、イエスが求めておられた歩みをしない限り、奇跡に引かれて集まった群衆と同じになる。『信仰か愛か』でも書いたが、宗教は生きなければ意味がない。自己の人生の中に受け入れ、自己の「生」としてそれに歩まない限り、その人の宗教には「いのち」がないのである。

多くの不法がはびこって人の愛が冷ややかになっている今日、イエス・キリストにおいて啓示された神の愛を考え直し、吟味し、愛に生きる生き方を構築する必要がある。これはキリスト教の世界に限らず、嘘と偽善がまかり通り、罪に無感覚になっている現代社会の底流に潜む要請でもある。

「わたしの愛に包まれて常に生きなさい」(ヨハネ15章9節フランシスコ会訳)

石津　謙吉（いしづ　けんきち）

青山学院大学文学部神学科、同大学院聖書神学専攻科卒業。神学修士。
Vancouver School of Theology 修士課程修了。

う・ら・ぎ・り

2024年12月19日　初版第1刷発行

著　　者　石 津 謙 吉
発 行 者　中 田 典 昭
発 行 所　東京図書出版
発行発売　株式会社 リフレ出版
〒112-0001　東京都文京区白山 5-4-1-2F
電話（03）6772-7906　FAX 0120-41-8080
印　　刷　株式会社 ブレイン

ISBN978-4-86641-842-1 C0016
Printed in Japan 2024